A Márk-kísérlet

Hogyan ismerheted meg jobban Jézust
Márk evangéliuma segítségével

Írta: Andrew Page

VTR

ISBN 978-3-937965-76-5

© 2009 by Andrew Page

VTR Publications, Gogolstr. 33, 90475 Nürnberg, Germany,
info@vtr-online.eu, http://www.vtr-online.eu.

Ahol másként nem jelöltük, a bibliai idézeteket az 1975. évi új fordítású
Biblia javított kiadásából vettük át (A Magyarországi Református Egyház
Kálvin János Kiadója, Budapest, 1994).

Fordítás: Szabados Ádám
Borítóterv: Chris Allcock

Printed in the United Kingdom
by Lightning Source UK Ltd.

Tartalom

Az én bevezetésem: meghívás egy kísérletre 7
Márk bevezetése (Márk 1,1-8) 12
Első szakasz: Az üzenet (Márk 1,9-3,12) 15
Második szakasz: A hatalom (Márk 3,13-6,6) 26
Harmadik szakasz: A felkészítés (Márk 6,7-8,30) 38
Negyedik szakasz: Az ár (Márk 8,31-10,52) 51
Ötödik szakasz: Az ítélet (Márk 11,1-13,37) 64
Hatodik szakasz: A szeretet (Márk 14,1-16,8) 76
Márk befejezése (Márk 16,9-20) 88
Az én befejezésem: A kísérlet folytatódik 90
Függelék 1: Hogyan szervezzünk Márk-színdarabot 93
Függelék 2: Márk kísérlete a házicsoportokban 95
Függelék 3: A B tömbökben lévő párhuzamok 102
Függelék 4: Márk evangéliumának szerkezete 104

Johnnak és Ruth-nak

Hálát adok Istennek azért a sok emberért, akik segítettek a Márk evangéliuma megismeréséhez vezető lelki utazásomban, különösen Christian Benselért, Gerhild és Hans Michael Haitchiért, Sven Kühneért, Bill és Shirley Leesért és Wolfgang Widmannért.

Hálás vagyok Chris Allcocknak a rajzokért és a borítótervért, Thomas Mayernek pedig különösen hálás vagyok, amiért vette a bátorságot, és 2004-ben megjelentette a könyv német és angol nyelvű változatát, most pedig ezt a magyar kiadást is.

Nagyon hálás vagyok Szabados Ádám barátomnak, hogy fantáziát látott *A Márk-kísérlet*ben, és lefordította a könyvet magyar nyelvre, valamint veszprémi gyülekezete tagjainak, akik Magyarországon először gyakorlatba ültették a kísérletet, és a veszprémi MEKDSZ-diákkörrel közösen előadták a színdarabot!

Hálát adok Istennek két otthoni gyülekezetemért Angliában és Ausztriában, akik imádkoztak ezért a projektért: a southamptoni Above Bar gyülekezetért, és az innsbrucki baptista gyülekezetért.

Végül pedig leginkább azokért vagyok hálás, akik bátran maguk is kipróbálták a kísérletet, és Márk evangéliumának erejét saját életükben tapasztalták meg. Azért imádkozom, hogy ők legyenek még többen!

http://www.themarkexperiment.com

Az én bevezetésem: meghívás egy kísérletre

Ez a könyv egyszerre két dologról szól.

Először is Márk evangéliumának megtanulásáról. Nem hiszem, hogy Márk evangéliumát eredetileg olvasásra szánták. Inkább arra, hogy meghallgassák. A legtöbb embertől nem is volt elvárható, hogy legyen saját példánya. Márk úgy írt, hogy azt meg lehessen jegyezni – nem szóról-szóra, inkább nagyobb egységekben –, hogy ezáltal Jézust ismerhessék meg jobban, és a történetet el tudják mondani másoknak is.

Másodszor tehát ez a könyv Jézus újrafelfedezéséről szól. Arról, hogy Jézust jobban megismerjük, jobban szeressük és jelenlétét jobban élvezzük. Ha te is ezt szeretnéd, biztos lehetsz abban, hogy Jézus még nálad is jobban akarja, hogy ezt átéld.

A kísérlet erről szól: megtanulni az evangéliumot, hogy általa Jézust jobban megismerhessük. Remélem, te is kipróbálod.

Kérlek, szánj időt a bevezetés többi részének elolvasására. Nem tart majd sokáig, de segít abban, hogy a könyvből a lehető legtöbb hasznod származzon.

Márk evangéliumának szerkezete

Rövid bevezetés után (1,1-8) Márk hat fő szakaszra osztotta Jézus történetét. Mindegyik szakasz közepén van egy nyolc eseményből álló tömb. Ezeket Márk nem csak úgy egymás mellé dobálta, hanem belső logika alapján rendezte el.

Vessünk egy pillantást például a második szakaszra, mely a 3,13-tól a 6,6-ig tart. Íme a szakasz szerkezete, ahogy én látom:

A tömb (3,13-35)

A tizenkét apostol kiválasztása (13-19)
Ellenállás a család részéről (20-21)
Ellenállás a vallási vezetők részéről (22-30)
Ellenállás újra a család részéről (31-35)

B tömb (4,1-5,43)

a	4,1-20	Példázat: a magvető
b	4,21-25	Példázat: a lámpás
c	4,26-29	Példázat: a magától növekedő vetés
d	4,30-34	Példázat: a mustármag
d'	4,35-41	Csoda: a tenger lecsendesítése
c'	5,1-20	Csoda: a gadarai megszállott megszabadítása
b'	5,25-34	Csoda: a vérfolyásos asszony meggyógyítása
a'	5,21-43	Csoda: Jairus lányának feltámasztása

C tömb (6,1-6)

Ellenállás a család és a barátok részéről (1-6)

Öt dolgot vegyünk észre a szerkezettel kapcsolatban:

1. A B tömbben nyolc – belső logikájuk szerint elrendezett – esemény van

Ebben a szakaszban a nyolc esemény két négyes csoportba van rendezve: négy csoda követ négy példázatot. Mind a hat szakaszban van egy B tömb, mely nyolc eseményt tartalmaz, s amelynek mindig megvan a saját belső logikája.

2. A B tömbben párhuzamokat látunk

Hadd magyarázzam el, hogy ez mit jelent. A magvető példázatában (a esemény) és Jairus lányának feltámasztásában (a' esemény) van valami közös, a lámpásról szóló példázatban (b esemény) és a vérfolyásos aszszony történetében (b' esemény) van valami közös, és így tovább. Néha van tanulsága is ezeknek a párhuzamoknak, amely mindig a memorizálásban segít. Ez igaz az evangélium mind a hat szakaszára.

3. Az A és C tömbök között kapcsolat van

Ebben a második szakaszban a család ellenállásának témája a közös pont. A téma nincs jelen a B tömbben, de világos kapcsolódást jelent az A és C tömbök között. Az evangélium mind a hat szakaszában van kapcsolat az A és a C tömb között.

4. Az egész szakasznak felismerhető témája van

A második szakasz témája a hatalom. A B tömbben a négy példázat Isten Igéjének hatalmáról, a négy csoda pedig Jézus hatalmáról szól. Mind a hat szakasznak önálló témája van.

5. A szakaszt könnyen meg lehet tanulni kívülről

Ez nem azt jelenti, hogy minden egyes szót megtanulunk, hanem azt, hogy megtanuljuk a szakaszban található események sorrendjét. A legtöbb ember képes egy szakasz eseményeinek sorrendjét 10 perc alatt megtanulni, különösen akkor, ha először a B tömböt tanulják meg, és csak utána az A-t és a C-t.

De miért kellene megtanulnom Márk evangéliumát kívülről?

Jó kérdés! Van néhány komoly érv mellette:

I. Mivel a Biblia Isten Igéje, elképesztő hatalma van. Gyakran elfelejtkezünk erről. A 119. zsoltár 11. versében Dávid ezt mondja Istennek: „Szívembe zártam beszédedet, hogy ne vétkezzem ellened."

II. Mivel Márk azzal a céllal írta evangéliumát, hogy könnyűvé tegye ezt! Ha elolvasod a *Márk-kísérletet*, észre fogod venni, hogy az evangélium szerkezete nagyon könnyűvé teszi a memorizálást. Biztos vagyok abban, hogy Márkot a Szentlélek vezette arra, hogy így írjon, mert azt szeretné, hogy igéje a szívünkben legyen.

III. Mivel az evangélium kívülről való megtanulása lehetővé teszi, hogy a Bibliát akkor is tanulmányozd, amikor nincs nálad Biblia! Így akár az ágyban fekszel, akár az utcán sétálsz, elmondhatod magadban az evangéliumi történeteket, és elkezdhetsz beszélni Jézussal arról, amire emlékszel.

IV. Mivel az első keresztények megtanulták kívülről az evangéliumot. Egy Alexandriai Kelementől származó idézetre bukkantam azután, hogy felfedeztem az evangélium szerkezetét. Az idézetben Kelemen azt magyarázza, hogy Márk miért írta evangéliumát:

„Mialatt Péter Róma városában Isten Igéjét hirdette és a Lélek segítségével az evangéliumot magyarázta, sokan a jelenlévők közül kérték Márkot, aki már régóta követője volt Péternek, hogy írásban is rögzítse nekik a szóban közölt tanokat, *hogy emlékezhessenek azokra*. Ezt mindaddig nem is hagyták abba, míg meg nem győzték őt, és így jött létre az az írott evangélium, amely Márk nevét viseli."

Alexandriai Kelemen
(Adumbrationes ad 1 Peter 5,13,
kiemelés tőlem)

Furcsa ötletnek tűnhet kívülről megtanulni a Márk evangéliumában található események sorrendjét. Azért írtam ezt a könyvet, mert én magam megpróbálkoztam ezzel a kísérlettel, és általa újra felfedeztem Jézust!

Hogyan használjuk ezt a könyvet?

Ez a könyv nem kommentár, a célja inkább az, hogy segítsen az evangélium megtanulásában és abban, hogy ezáltal Jézust jobban megismerjük. Márk evangéliumának mind a hat szakaszánál találunk egy bevezetést *Gyönyörködés a panorámában* címmel. Ez magyarázza el a B tömb logikáját és azt, hogy mi a közös az A és C tömbökben.

Ezután következik *A tartalom kibontása*, melyben elmagyarázom, hogy a szakasz szerkezete hogyan segít az egyes bekezdések jelentésének megértésében.

Majd néhány ötletet adok a szakasz memorizálásához (ez *Az evangélium megtanulása*). A legtöbb ember nincs hozzászokva ahhoz, hogy kívülről megtanuljon dolgokat, pedig mindenképpen megéri. Persze ne felejtsd el, hogy nem minden szót, hanem csak a szakasz eseményeinek sorrendjét kell megjegyezni. Ahogy fent említettem, a legtöbb ember nagyjából tíz perc alatt képes erre.

Az utolsó rész *Az Úrral való találkozás*. Ez emlékeztet arra, hogy miért is csináljuk az egészet: Jézust akarjuk újra felfedezni. Miközben az Úrral beszélgetsz arról, amit tanulsz, jobban megismered őt.

Az én bevezetésem: meghívás egy kísérletre

Kérlek, ne olvasd a könyvet túl gyorsan! Lehet, hogy hasznos, ha mindegyik szakaszra egy hetet szánsz, hogy legyen időd rendesen megtanulni, és megtapasztalni azt, hogy az Úr használja a szavakat az életedben. Ha úgy is döntesz, hogy az egészet pár nap alatt elolvasod, kérlek térj vissza utána, és szánj időt az evangélium megtanulására is – úgy gondolom, ezt tették a korai keresztények, és ez volt Márk célja, amikor hozzáfogott a megírásához.

Köszönöm, hogy elolvastad az én bevezetésemet, itt az idő, hogy elolvasd Márkét.

Azért imádkozom, hogy mindazok, aki elolvassák ezt a könyvet, örömüket leljék Márk evangéliumában és élvezzék a Jézussal való találkozást.

A Márk-kísérlet most kezdődik...

Márk bevezetése (Márk 1,1-8)

Márk nagyon rövid bevezetést ad evangéliumához, haladni akar a történettel. A 9. versben Jézus először lép a színre, de nem mint gyermek, hanem mint felnőtt. Nincs tehát utalás Máriára és Józsefre, és nincs szó Jézus születéséről sem. Az első nyolc vers mégis felkészít bennünket Márk főszereplőjének érkezésére.

Gyönyörködés a panorámában

    a   Márk bizonyságtétele Jézusról (1)
    b   Az ószövetségi próféták bizonyságtétele Jézusról (2-3)
    c   János keresztsége nagy érdeklődést vált ki (4-5)
    b' János olyan, mint egy ószövetségi próféta (6)
    a' János bizonyságtétele Jézusról (7-8)

Úgy tűnik, Márk a párhuzamok egy példájával indítja evangéliumát, hogy könnyűvé tegye a bevezetés megjegyzését. A versek fő célja az, hogy színrelépése előtt bemutassa nekünk Jézust.

Érdemes kétszer vagy háromszor elolvasni a bevezetést, és megfigyelni, mit mond Márk és mit mondanak mások Jézusról. Mielőtt részleteiben is megnézzük ezeket a verseket, kérlek, szánj időt az imádatra. Ez a könyv nem csak információkat közöl, hanem Jézus újrafelfedezéséről és jobb megismeréséről szól. Ez a kísérlet lényege.

A tartalom kibontása

a – Márk bizonyságtétele Jézusról (1,1)

Az első vers lehet az egész könyv címe, de azt is megtudjuk belőle, hogy az evangélium végén Márk milyen végkövetkeztetést szeretne tőlünk hallani. Jézus a Krisztus, az Ószövetségben Isten által megígért Messiás. Izráel évszázadokon keresztül várt erre az emberi szabadítóra; Márk most tudatja velünk, hogy ez a szabadító eljött.

De az a Messiás, akivel Márk össze akar bennünket hozni, nem pusztán ember: ő „Isten Fia" (1). Bár ezek a szavak nem szerepelnek mindegyik kéziratban, szinte biztos, hogy Márktól származnak. A harmadik szakasz végén, az evangélium felezőjénél Jézust Messiásnak nyilvánítják majd (l. 8,29); a hatodik szakaszban, az evangélium végefelé pedig Isten Fiának ismerik el (l. 15,39).

Márk szerint ez „evangélium", jó hír. A legjobb dolog, ami történhet egy emberrel az, ha felismeri, hogy kicsoda Jézus és miért jött el.

b – Az ószövetségi próféták bizonyságtétele Jézusról (1,2-3)

„Amint meg van írva Ézsaiás próféta könyvében" – mondja Márk, bár nem idézi Ézsaiást egészen a 3. versig; vagyis a Malakiás 3,1-ből származó idézet a 2. versben csak bevezeti Ézsaiás Jézusról szóló bizonyságtételét.

Ezen a ponton még nem ismerjük az útkészítő hírnök nevét, de Ézsaiás elmondja, hogy kinek készíti az utat: „Készítsétek az Úr útját" (3). Az üzenet világos: valaki jön, aki nem más, mint maga Isten.

c – János keresztsége nagy érdeklődést vált ki (1,4-5)

Márk most elmondja nekünk, hogy a hírnök János. Ő készíti az utat Isten eljövetele számára azáltal, hogy a megtérésről prédikál, majd a keresztségben megfogható, nyilvános lehetőséget ad ennek kifejezésére. A megtérés értelmünk megváltozása, valamint egy döntés, hogy mostantól máshogy fogunk élni; a 4. versben pedig azt olvassuk, hogy ez teszi lehetővé a bűnbocsánatot.

János üzenete és keresztsége lenyűgöző reakciót vált ki: „kiment hozzá Júdea egész vidéke, kimentek a jeruzsálemiek is mind" (5). Ez persze túlzás, de nyilvánvaló, hogy óriási az érdeklődés János iránt. Ennek egyik oka biztosan az, hogy János zsidókat keresztelt, ami akkoriban hallatlan volt. A zsidóknak meg kell térniük – mondta János –, és úgy tűnik, sokan készek voltak ezt megtenni.

b' – János olyan, mint egy ószövetségi próféta (1,6)

A leírás, amit Márk ad Jánosról szándékosan Illésre emlékeztet: „Szőrből készült ruha volt azon a férfin, és bőröv övezte a derekát." (2 Kir 1,8) A Zakariás 13,4 valóban azt mondja, hogy a szőrből készült öltözet félig-meddig prófétai egyenruha. Jánosnak ez a leírása – és a párhuzam – tehát arra utalnak, hogy János egyike az ószövetségi prófétáknak, az eljövendő Messiás útját készíti.

a' – János bizonyságtétele Jézusról (1,7-8)

János világossá teszi, hogy lényegesen kisebb annál, akinek az útját készíti: arra sem méltó, hogy rabszolgája vagy szolgája legyen, aki megoldja saruja szíját (7).

Az igazán lenyűgöző része János üzenetének azonban az, hogy aki jön, „Szentlélekkel fog keresztelni" (8). Ez egészen elképesztő, mert az Ószövetségben egyedül Isten önthette ki Lelkét emberekre. Ezekkel a szavakkal János azt is mondja, hogy az, akinek az útját készíti, új szövetséget hoz. Minden első századi zsidó tudta, hogy Isten egy új szövetséget ígért (l. Jer

31,31-34), és ez azt jelenti, hogy emberek bűnbocsánatot kapnak (l. Ez 36,25-27) és a Szentlélek bennük fog lakni (l. Jóel 3,1-5). János azt állítja, hogy eljött az idő; az 1. vers párhuzama pedig megadja a nevét is annak, aki bevezeti az új szövetséget: ő Jézus, a Messiás, az Isten Fia (1).

Márk bevezetése azt a célt szolgálja, hogy bennünket is lelkesítsen ezzel a Jézussal kapcsolatban.

Az evangélium megtanulása

A párhuzamok ezekben a versekben könnyűvé teszik a bevezetés megtanulását. Ne próbálj minden részletet megjegyezni, csak a címeket tanuld meg.

Az Úrral való találkozás

Miközben végiggondolod Márk bevezetését, szánj időt arra, hogy imádd Jézust azért, aki ő, és azért, amiért eljött. Ő azt akarja, hogy ismerd meg jobban és szeresd jobban; kérd tőle, hogy használja ehhez Márk evangéliumát az életedben.

Első szakasz: Az üzenet (Márk 1,9-3,12)

Márk közölte már velünk, hogy „Jézus Krisztus, az Isten Fia evangéliumát" (1,1) szeretné elmondani. Jézus személye központi jelentőségű az üzenetben. Márk most arról beszél, hogy mi volt az első dolog, amit Jézus nyilvános szolgálatában mondott: „Betelt az idő, és elközelített már az Isten országa" (1,15). Az első szakasz erről szól. Jézus azért jött, hogy elhozza ezt az üzenetet, és ezt mindenkinek meg kell hallania.

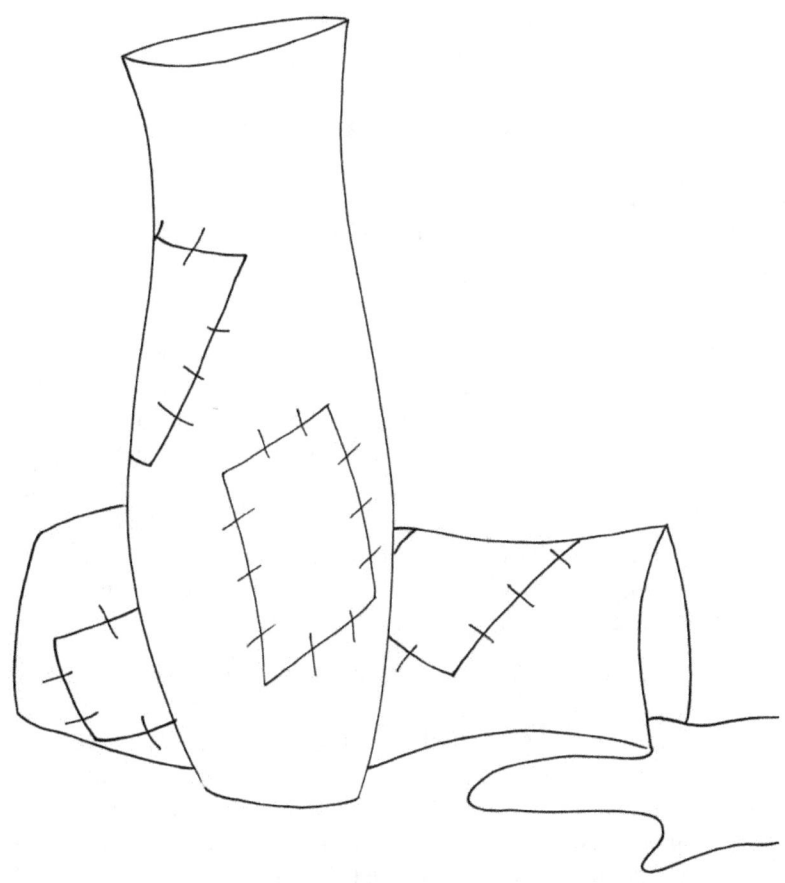

„És senki sem tölt újbort régi tömlőbe, mert szétrepesztené a bor a tömlőt, s odalenne a bor is, a tömlő is; hanem az újbor új tömlőbe való." (Márk 2,22)

Gyönyörködés a panorámában

A tömb (1,9-20)
Jézus megkeresztelése és megkísértése (9-13)
Jézus az evangéliumot hirdeti (14-15)
Jézus elhívja első tanítványait (16-20)

B tömb (1,21-2,28)
a   1,21-28   Jézus kiűz egy tisztátalan lelket
b   1,29-34   Jézus meggyógyítja Péter anyósát és másokat
c   1,35-39   Jézus kijelenti, hogy számára a tanítás az elsődleges
d   1,40-45   Jézus meggyógyít egy leprást
d'   2,1-12   Jézus meggyógyítja a bénát
c'   2,13-17   Jézus elhívja Lévit és bűnösökkel eszik
b'   2,18-22   Jézus megjövendöli a judaizmussal való szakítást
a'   2,23-28   Jézus ura a szombatnak

C tömb (3,1-12)
Jézus ellenállást vált ki, amikor szombaton gyógyít (1-6)
Jézus növekvő népszerűsége (7-12)

Márk a többi szakaszhoz hasonlóan ezt is egy nyolc eseményt magában foglaló tömb (B tömb) köré rendezte. Az első négy azt tárja elénk, hogy Jézus teljhatalommal szabadít meg embereket a gonosztól és betegségektől, valamint a tömegek tanítására kötelezi magát. A 2. fejezettől azonban egyszercsak megváltozik a légkör: hirtelen mindenfelé zsidó vezetőkbe botlunk, akik kritizálják Jézust és hibát keresnek benne. Az új versenytárs felbukkanását nyilván fenyegetésként élik meg. A B tömb első fele tehát úgy mutatja be Jézus hatalmát, hogy emberi ellenállás azt nem kérdőjelezi meg, míg a tömb második felében Jézus konfliktusba kerül Izráel vezetőivel.

Ahogy a többi szakaszban, úgy itt is kapcsolódik egymáshoz az A és a C tömb. Ebben a szakaszban a kapcsolódás az az üzenet, hogy Jézus az Isten Fia. Az A tömbben az Atya nyilvánítja ezt ki Jézus megkeresztelésekor (1,11), a C tömbben pedig Jézus az, aki megtiltja a gonosz lelkeknek, hogy felfedjék az ő kilétét (3,11). Ezekkel a jelzőtáblákkal Márk két dolgot ér el: egyrészt világossá teszi az első szakasz elejét és végét, másrészt megerősíti, hogy ez az evangélium központi üzenete (vö. 1,1).

Érdemes a könyv továbbolvasása előtt elolvasni a Márk 1,9-3,12-t. Szánj időt arra, hogy közben dicsőítsd Jézust.

A tartalom kibontása

A tömb (1,9-20)

Jézus megkeresztelése és megkísértése (1,9-13)

A 9. versben Jézus először lép a színre, de nem úgy, mint hatalommal bíró tanító vagy gyógyító, hanem úgy, mint egy ember, aki aláveti magát János keresztségének. Az esemény fő eleme Márk számára a mennyből jövő hang: „Te vagy az én szeretett Fiam, benned gyönyörködöm." (11)

Isten szavait akkor értjük meg legjobban, ha egybevetjük azokkal a szavakkal, melyeket korábban az Ószövetségben mondott. Az első szolga-ének elején Ézsaiás hallhatóvá teszi számunkra, ahogy Isten lelkes szavakkal bemutatja szolgáját: „Ez az én szolgám, akit támogatok, az én választottam, akiben gyönyörködöm." (Ézs 42,1a) Itt, a Jordán folyónál Isten mégis inkább az első századi zsidók számára messiásinak tartott 2. zsoltárt (7. vers) felidézve teszi azt a kijelentést, hogy „Te fiam vagy". Az is lehet, hogy arra látunk itt utalást, amikor Isten Ábrahámot utasította, hogy áldozza fel fiát: „Fogd a fiadat, a te egyetlenedet, *akit szeretsz*, Izsákot" (1 Móz 22,2).

Márk evangéliumának az Ószövetséget ismerő olvasói felismerik tehát az első szakaszban az üzenetet, hogy Jézus, akit Keresztelő János megkeresztelt, az Isten Fia, az évszázadokkal korábban megígért Messiás (2. zsoltár), és a szenvedő szolga (Ézsaiás 42), akit Atyja fel fog áldozni (1 Mózes 22).

Az első szakasz elején nagy hatása van Jézus megkeresztelésének, és Márk bizonyára azt szeretné, ha az eseményben észrevennénk a Szentháromság mindhárom személyét: a Fiút a 9. versben, a Lelket a 10. versben és az Atyát a 11. versben. Az üzenet világos: Isten maga drámai módon beavatkozik az emberi történelembe.

Máté és Lukács teljesebb beszámolójával szemben Márk mindössze két verset szán arra, hogy leírja Jézus negyvennapos pusztai megkísértését. Még azt sem mondja el, hogy Jézus győzedelmeskedett a Sátán felett, valószínűleg azért, mert ezt magától értetődőnek tartja. A negyven nap megemlítésének nagyobb jelentősége van. Lehet, hogy Márk Izráel pusztában eltöltött negyven évére akar emlékeztetni, azt a következtetést levonva ebből, hogy Jézus az új Izráel, Isten fia, aki azért jött, hogy felavassa Isten új népét (l. a 3,13-19 magyarázatát).

Jézus az evangéliumot hirdeti (1,14-15)

A jó hír az, hogy „elközelített az Isten országa" (15). Jézus jövetelével Isten országa van itt. Még nem végső pompájában, hanem azon a szerény módon, hogy egyének Istent Királyuknak ismerik el. Az a jó hír, hogy meg lehet ismerni Istent. Az országba való bemenetel feltétele a megtérés és a hit (15b), amit az evangélium végére érve jobban fogunk érteni.

A versek leírásakor Márk gondolataiban szinte biztos, hogy az Ézsaiás 52,7 húzódik meg: „Mily szép, ha feltűnik a hegyeken az örömhírt hozó lába! Békességet hirdet, örömhírt hoz, szabadulást hirdet. Azt mondja Sionnak: Istened uralkodik!" Jézus az Isten országának örömhírét hozza el.

Jézus elhívja első tanítványait (1,16-20)

Egyértelműen Jézusé a kezdeményezés. Simon, András, Jakab és János már nagyjából egy éve kapcsolatban álltak Jézussal, de most van a döntés napja. A követésre való felhíváshoz („Jöjjetek utánam") kapcsolódik egy ígéret is: fel fogja készíteni őket az előttük álló feladatra („emberhalászokká teszlek benneteket", 17). Jézus hívása és a halászok válasza világossá teszi, hogy a Jézusnak való elkötelezettség megelőz minden mást, beleértve a családot, vagyont és foglalkozást is (18, 20).

Ők az első négy ember, akiket Jézus az országba hívott. Elfogadták a hívást és követték őt. Jézus személyét ismerve (9-11) mi más lehetett volna a reakciójuk? Márk üzenete az A tömbben arról szól, hogy kicsoda Jézus, hogy elérkezett az Ország, és hogy Jézus igényt tart az életünkre. Ez jó hír számunkra.

B tömb (1,21-2,28)

Négy esemény emberi ellenállás nélkül (1,21-45)

a – Jézus kiűz egy gonosz lelket (1,21-28)

Első feljegyzett csodáját Jézus szombatnapon teszi. Márknak azonban gondja van arra, hogy meglássuk: Jézus előbb tanítani kezd (21, vö. 38), és az utána következő, különösebb erőfeszítés nélkül tett ördögűzés amiatt válik szükségessé, mert a gonosz erői félbeszakítják őt. Márk tudatja velünk, hogy ezek az erők rögtön felismerik, hogy kicsoda Jézus: „az Isten Szentje" (24). Ez valószínűleg a Messiás megnevezése. Ezzel a témával gyakran fogunk találkozni: míg az emberek nem biztos, hogy felismerik Jézus kilétét, a gonosz lelkek számára ez nem jelent nehézséget (l. 34b). Semmi nem tántorítja el őket attól, hogy akadályozzák az üzenet hirdetését.

A kapernaumi zsinagógában tartózkodók tisztán látják, hogy Jézusnak hatalma van, a tanításában is és a démonok felett is. Márk evangéliumában Márk először rögzíti, hogy a Jézus valóságára adott természetes reakció a csodálkozás (22,27-28).

b – Jézus meggyógyítja Péter anyósát és másokat (1,29-34)

Márknak az a megjegyzése, hogy „szóltak felőle Jézusnak" (30) bátorításként is érthető, hogy mondjuk el Jézusnak aggodalmainkat és gondjainkat. Azt biztosan látnunk kell, hogy nincs olyan betegség vagy gonosz, amely fölött Krisztusnak ne lenne hatalma, amint ezt a napnyugta utáni események is mutatják (32-34). Márk túloz („minden beteget és megszállottat" 32; „az egész város összegyűlt az ajtó előtt" 33), hogy jobban megfesthesse a képet, amint az emberek szükségeikben és kétségbeesésükben Jézusnál találnak megoldást.

A 25. versben azt láttuk, hogy Jézus megtiltotta a gonosz léleknek a zsinagógában, hogy kilétét felfedje; most megismétli ezt a tiltást annak a „sok démonnak" is, akiket kiűz (34b). Ennek legfőbb oka valószínűleg az, hogy a rómaiakat Izráelből kiebrudaló politikai Messiásról szóló téves zsidó várakozások rendkívül nehézzé tették volna számára, hogy szolgálatának céljait maga határozza meg. A következő esemény mutatja, hogy ez már ekkor problémát jelentett.

c – Jézus kijelenti, hogy számára a tanítás az elsődleges (1,35-39)

Ez a rövid bekezdés mutatja, hogy Jézus nem hagyja, hogy manipulálják. Amikor Simon Péter félbeszakítja Jézus imádságát („Mindenki téged keres"), nyilván az a szándéka, hogy visszavigye őt Kapernaumba, az előző este gyógyításainak és ördögűzéseinek színhelyére. Jézus azonban tudja, hogy a csodák miatti lárma akadályozná abban, hogy az Országról prédikáljon, ezért úgy dönt, hogy máshová megy (38-39). Az üzenet a legfontosabb.

A c'-vel való kapcsolatból kiderül, hogy Márk azt szeretné, ha Jézus jövetelének a céljára figyelnénk. Itt az 1,38-ban ez a cél a prédikálás, míg a 2,13-17-ben az, hogy bűnösöket hívjon magához. Természetesen ez nem kettő, hanem egy célt jelent: prédikációjában Jézus bűnösöket hív megtérésre és hitre (vö. 1,15). Ez az Isten országának üzenete.

d – Jézus meggyógyít egy leprást (1,40-45)

Nem tudjuk, hogy a 40. versben szereplő ember milyen betegségben szenvedett, de ez a betegség elszigetelte őt a hétköznapi emberi kapcsolatoktól. Bárhogy is volt, úgy tűnik, ez az ember meg van győződve arról, hogy Jézus betegségek feletti hatalmáról szóló hírneve megalapozott: „Ha akarod, meg tudsz tisztítani" (40). Mielőtt felelne, Jézus kinyújtja a kezét és megérinti az embert (41). Bárki más részéről ez ostobaság lenne, de Jézustól a könyörület megnyilvánulása (41). „Azonnal" – mondja Márk – „eltávozott róla a lepra, és megtisztult" (42). Jézus fertőzőbb a betegségnél!

A következő eseménnyel való párhuzamból (d', 2,1-12) levonhatjuk a következtetést: míg az 1,44-ben Jézus engedelmes a zsidó vezetőknek; a 2,7-ben a zsidó vezetők viszont ellenségesek vele szemben. A meggyógyított leprás pedig, akinek Jézus azt mondta, hogy a papokon kívül másnak ne beszéljen a történtekről, nem engedelmeskedik neki. Engedetlensége még nehezebbé teszi Jézus számára, hogy hirdesse üzenetét (45).

A B tömb első négy eseményéből Jézus hatalmának és könyörületének megnyilvánulását láthattuk. Emberi ellenállás nincs, Jézus népszerűsége egyre nő. A második fejezet éppen az ellenkezőjét fogja mutatni.

Négy esemény, melyben emberi ellenállással talákozunk (2,1-28)

d' – Jézus meggyógyítja a gutaütöttet (2,1-12)

Márk látható élvezettel meséli el ezt a történetet. Könnyen el tudjuk képzelni, mert Márk bemutatja a Jézus tanítását hallgató tömeget, és azt, ahogy a tető megbontása és a gütaütött leresztése félbeszakítja az üzenetet. A barátok elszántsága, hogy tűzön-vizen át Jézushoz vigyék a béna embert, talán az imádságra emlékeztet (vö. 1,30); Jézus mindenesetre a „hitüket" (5) látva cselekszik.

Meglepő azonban, hogy Jézus a gyógyításnál is nagyobb szükségről beszél. Azt mondja az embernek: „Fiam, megbocsáttattak a bűneid." (5) Jézus nem feltétlenül arra gondol, hogy az illető ember bénaságát valamilyen konkrét bűn okozta; inkább arra utalhat, hogy legnagyobb szükségünk mindig a bűnbocsánat. Ez része az üzenetnek.

Ezen a ponton találkozunk az evangéliumban első alkalommal a zsidó vezetők ellenállásával. Itt a törvény tanítói – a kor teológusai – azok, akik úgy döntenek, hogy Jézus istenkáromlást követett el: azzal, hogy azt állítja, megbocsáthat bűnt, azt teszi, amire egyedül Isten képes (6).

A 9. versben Jézus kérdésére a válasz nyilván az, hogy könnyebb azt mondani, „Megbocsáttattak a bűneid!", mint azt, hogy „Kelj fel, fogd az ágyadat, és járj!", mivel az előbbi nem követel látható bizonyítékot. Most azonban a nehezebb mondatot fogja kimondani Jézus, és fizikai és látható módon meggyógyítja a béna embert. Ezáltal bizonyítja azt is, hogy van hatalma megbocsátani a bűnöket. Ez a kettős csoda – bűnbocsánat és betegségek gyógyítása – ismét csodálkozást vált ki (12; vö. 1,22.27).

Amikor Jézus a bűnök megbocsátásának hatalmáról beszél, úgy utal magára, mint az Emberfiára (10). Ez a kétértelmű kifejezés néha úgy kerül elő, hogy önmagát jelöli vele (például a 8,27 és a Máté 16,13 egybevetése); de Jézus ajkain gyakran úgy hangzik, mintha önmagát tartaná a Dániel 7,13-14-ben látható dicsőséges Emberfiának, akit egy nap minden nemzet imádni fog, és

Első szakasz: Az üzenet

akinek királysága (vö. 1,15) soha nem ér véget. Van azonban annyi kétértelműség a szavakban, hogy a sokaság legalábbis nem veszi észre a Dánielre történő utalást.

Fontos ez az eset, mert megmutatja, hogy Jézus megbocsát bűnöket, vagyis Istennek nyilvánítja magát. Ez elkerülhetetlenné teszi a zsidó hatóságokkal való összeütközést, mely innentől az első szakasz végéig húzódó téma lesz.

c' – Jézus elhívja Lévit és bűnösökkel eszik (2,13-17)

Márk azzal indítja ezt a bekezdést, hogy ismét emlékeztet: Jézus elkötelezett az üzenet tanítása iránt (13). Aztán egy másik tanítvány elhívásáról számol be (vö. 1,16-20). Ő már nem becsületes halászember, hanem vámszedő, aki együttműködött a római megszállókkal és kihasználta saját népének tagjait. Nem tudjuk, mennyit hallott Lévi Jézusról, de ahhoz a döntéshez nyilván eleget, hogy mindent hátrahagyva kövesse őt (14).

Márk számára az esemény jelentősége mégis inkább az, ahogy a zsidó vezetők reagálnak a Lévi házában tartott vendégségre, melyet valószínűleg azért rendezett, hogy új életét megünnepelje és barátait Jézusnak bemutassa. A törvénytanítók megint megjelennek, és ezúttal azon ütköznek meg, hogy Jézus együtt eszik vámszedőkkel és „bűnösökkel" (ez vélhetően a prostituáltakra használt eufemizmus). Az első században a szeretet és elfogadás jele volt az, ha együtt ettek másokkal; a törvénytanítók szemében ezért Jézus szalonképtelenül viselkedett.

A c eseménnyel (1,35-39) való párhuzam világossá teszi, hogy a Lévi elhívásával kapcsolatos bekezdés jelentősége Jézusnak a kritikára adott válaszában van: „Nem az egészségeseknek van szükségük orvosra, hanem a betegeknek; nem azért jöttem, hogy az igazakat hívjam, hanem hogy a bűnösöket." (17) Jézus mindkét eseményben utal a jövetelére. Valószínűleg a világba jövetelére gondol. Márk azonban arra hívja fel a figyelmünket, amit Jézus arról mond, hogy *miért* jött el (1,38; 2,17): hogy hirdesse üzenetét és bűnösöket hívjon (vö. az 1,35-39-hez fűzött megjegyzések). Erről szól az Isten országa.

b' – Jézus megjósolja a radikális szakítást a judaizmussal (2,18-22)

Erősödik a konfliktus a zsidó vezetőkkel, bár Márk nem pontosítja, kik is azok, akik Jézushoz jönnek és megkérdezik: ő és tanítványai miért nem böjtölnek a zsidó hagyomány elvárásai szerint kétszer egy héten.

Válaszában Jézus három képet használ. Az első egy esküvő képe (19-20): a vőlegény jelenlétében a násznép aligha böjtöl! A másik a ruha képe (21): új anyagból nem varrnak foltot régi ruhára. A harmadik kép a borról és a borostömlőről szól (22): új bor és régi tömlő párosítása enyhén szólva nem szerencsés!

A 19. versben Jézus önmagára utal mint vőlegényre (bár a menyasszony furcsa mód hiányzik a képből). Az Ószövetségben maga Isten a vőlegény, soha nem a Messiás; itt azonban Jézus csendesen ezt a szerepet veszi magára. Annak is van jelentősége, hogy a vőlegény „elvétetik" (20); a majdhogynem erőszakos kifejezés az Ézsaiás 53-ban található negyedik Szolga-énekre utalhat: „Fogság és ítélet nélkül hurcolták el" (Ézs 53,8).

Jézus utalása az új borra és a régi tömlőkre rendkívül provokatív. Attól eltekintve, hogy a régi bor általában jobb az újbornál, Jézus önmagát új borként, a zsidó vezetőket viszont régi tömlőkként jellemzi. A B tömb első felének adhatnánk akár az „Új bor" (1,21-45), a második felének pedig a „Régi tömlők" (2,1-28) címet is, mivel a hagyományos judaizmus képviselői egyértelművé teszik, hogy számukra Jézus elfogadhatatlan.

Jézus itt a judaizmussal való gyökeres szakítást jelzi előre. Ez a téma itt, az első szakaszban kezdődik, az evangélium második, harmadik és ötödik szakaszában pedig majd főszerepet játszik. Ha nagyon egyszerűen akarnánk fogalmazni, azt is mondhatnánk, hogy Jézus nem keverhető össze a vallással. Választanunk kell. De előtte van még egy utolsó esemény is a B tömbben, melyet meg kell vizsgálnunk.

a' – Jézus a szombat Ura (2,23-28)

Márk ugyanazzal fejezi be a B tömböt, mint amivel kezdte: egy szombatról szóló történettel (l. 1,21-28). A két történet közt szembeötlő különbség van mégis. Az elsőben nincsenek jelen a zsidó hatóságok, a másodikban viszont a farizeusok Jézus tanítványait bírálják, amiért megszegik a szombat törvényét. Sok minden történt a B tömb kezdete óta.

Valójában a tanítványok az ószövetségi szombat-törvénynek természetesen csak a hagyományos zsidó értelmezését szegik meg. A harmadik szakaszban (l. 7,1-13) Jézus vissza fog térni a „vének hagyományának" nevezett témára, itt most hatalommal tanít Dávid története alapján (emlékezzünk az 1,22-re, mely újabb párhuzam az a eseménnyel).

Jézus legbátrabb kijelentése a 28. versben van: „az Emberfia ura a szombatnak is". Ez közvetlen támadás a zsidó vezetők tekintélye ellen, hiszen számukra a szombat törvénye volt a legfontosabb, mert abból meg tudták állapítani, hogy az emberek engedelmesek-e. Jézus az első századi júdaizmus gyökereire mér csapást.

Ezzel elértünk a B tömb végéhez. Nem kizárt, hogy a nyolcadik esemény két részből áll (2,23-3,6), mivel mindkettő szombatnapon történt. Én mégis azt gondolom, hogy a mindjárt sorra kerülő 3,6 megdöbbentő csúcspontja miatt jobb a 3,1-6-ot a C tömb részeként látni.

Első szakasz: Az üzenet

A B tömb már így is messze vitt bennünket. Márk nagy gonddal szerkesztette elbeszélését, hogy félreérthetetlenül közölhesse mindegyik eseménynél azt, amit hangsúlyozni szeretne. Eközben a d', c', b', és a' eseményekben látható kemény zsidó ellenállást szembeállítja azzal az általános nyitottsággal, mely Jézus tanítását és csodáit az a, b, c, és d eseményekben fogadta. A szembenállás később összeütközéshez vezet.

C tömb (3,1-12)

Jézus ellenállást vált ki, amikor szombaton gyógyít (3,1-6)

Márk nem mondja el nekünk, hogy mennyi idő telt el a mostani és a B tömb végén elbeszélt esemény között. Drámai jelenetet fest le, melyben a farizeusok (akiknek az azonosságát csak a 6. versben fedezzük fel) közelről figyelik Jézust. A száradt kezű ember meggyógyítása az ő törvényértelmezésük megszegése lenne. (Érdekes módon nincs kétségük afelől, hogy Jézus képes gyógyítani.)

Jézus azt mondja az embernek, hogy álljon fel. Nem eldugott zugban, hanem mindenki szeme láttára akarja őt meggyógyítani. Amikor a farizeusok a 4. versben nem válaszolnak a kérdésére, Márk feljegyzi reakcióját: „Ekkor haragosan végignézett rajtuk, és sajnálta őket szívük keménysége miatt; majd így szólt ahhoz az emberhez: 'Nyújtsd ki a kezedet!'" (5). Jézus haragja és szánalma erő felmutatásához vezet, az ember egy pillanat alatt teljesen egészséges lesz.

Márk azonban nem önmagáért mesélte el ezt a történetet, hanem azért, ami a 6. versben következik: „A farizeusok pedig kimenve, a Heródes-pártiakkal együtt azonnal arról tanácskoztak, hogyan végezzenek vele." A Heródes-párt olyan politikai csoport, mely Jézus eltávolításának vágyán kívül semmiben nem állt közös platformon a farizeusokkal. Még be sem fejeződött az evangélium hat szakaszából az első, de a döntést már meghozták arról, hogy Jézust meg fogják ölni. Márk ügyes elbeszélőként eléri, hogy tovább olvassuk a történetet.

Jézus növekvő népszerűsége (3,7-12)

Akár tudott Jézus az összeesküvésről, akár nem, visszahúzódik, bár a tömeg rövid idő alatt megtalálja (7-8). Két fontos elem érdemel figyelmet ebben az összefoglaló bekezdésben. Először is, Jézus úgy dönt, hogy egy tavon himbálódzó csónakból fog prédikálni (9-10), hogy az az állandó elvárás, hogy gyógyítson, ne akadályozza a tömeget abban, hogy üzenetét hallhassák. Márk célja az, hogy emlékezzünk az 1,38-ra, és ügyesen felkészít a második szakasz B tömbjének kezdetére is (l. 4,1).

Másodszor, Márk emlékeztet bennünket arra, hogy a gonosz lelkek felismerték, hogy Jézus az Isten Fia (11). Az 1,34-hez hasonlóan Jézus nem engedi meg nekik, hogy ezt a hírt terjesszék (12). Ugyanakkor Márk bennünket, olvasóit beavatott már a titokba: a C tömbben a gonosz lelkek Jézust Isten Fiának nevezik, és az A tömbben Jézus megkeresztelésekor is hang hallatszott a mennyből: „Te vagy az én szeretett Fiam, benned gyönyörködöm" (1,11).

Márk azt szeretné, hogy Jézussal kapcsolatban mi is ugyanezt a következtetést vonjuk le.

Az evangélium megtanulása

Az első szakasz szerkezete nagyon könnyűvé teszi a tanulást. Annak nincs értelme, hogy a versszámokat megtanuljuk, ehelyett jobb a bekezdések címére figyelni. A B tömbbel a legkönnyebb kezdeni. Emlékezz arra, hogy négy emberi ellenállás nélküli eseményt követ négy olyan esemény, melyben komoly ellenállásról van szó.

Miután valamelyest sikerült megjegyezned a B tömb sorrendjét, az A és C tömb megtanulása már nem jelenthet gondot, hiszen mindkettő rövid. Segíthet, ha arra gondolsz, hogy az A és C tömbben közös az Isten Fia kifejezés (1,11 és 3,11).

Ha megtanulod Márk evangéliumának első szakaszát, pontosan azt teszed, amit a korai keresztények az első században csináltak.

Első szakasz: Az üzenet 25

Az üzenet

| A | Jézus megkeresztelése és megkísértése
Jézus az evangéliumot hirdeti
Jézus elhívja első tanítványait | 3 |

| B | a Jézus kiűz egy tisztátalan lelket
b Jézus meggyógyítja Péter anyósát és másokat
c Jézus kijelenti, hogy számára a tanítás az elsődleges
d Jézus meggyógyít egy leprást | 1 |

| | d' Jézus meggyógyítja a bénát
c' Jézus elhívja Lévit és bűnösökkel eszik
b' Jézus megjövendöli a judaizmussal való szakítást
a' Jézus ura a szombatnak | 2 |

| C | Jézus ellenállást vált ki, amikor szombaton gyógyít
Jézus növekvő népszerűsége | 4 |

| A+C: | Kicsoda Jézus? – Isten Fia (1,11 / 3,11) |
| B -
logikája: | négy esemény emberi ellenállás nélkül
négy esemény emberi ellenállásssal |

Az Úrral való találkozás

Hogy ha tisztán látod az események sorrendjét, engedd a Szentlelket, hogy Jézus történetét használja az életedben. Miközben magadban elmondod a szakasz eseményeit, kezdj el imádkozni. Köszönd meg Jézusnak, hogy az Isten országának üzenete a bűnbocsánat ajándékáról (2,5) és a bűnösök iránti szeretetéről (2,17) szól. És emlékezz arra, hogy Jézus az Isten Fia. Azért imádkozom, hogy ennek az üzenetnek a hatására imádni kezdd Istent. Ezáltal találkozni fogsz az Úrral.

És ahogy felmondod magadban Márk evangéliumát, újra fel fogod fedezni Jézust.

Második szakasz: A hatalom (Márk 3,13-6,6)

Az első szakasz üzenete az volt, hogy Jézus eljövetelével Isten drámai módon beavatkozik az emberek életébe. Isten Fia megmutatja hatalmát, és az ellenállás dacára folyamatosan szeretettel segít szenvedő embereken. Most a második szakaszban Márk azt magyarázza el, hogy ez miként lehetséges. Honnan jön az az erő, mely életeket változtat meg?

„A magvető az igét veti." (Márk 4,14)

Második szakasz: A hatalom 27

Gyönyörködés a panorámában

A tömb (3,13-35)
A tizenkét apostol kiválasztása (13-19)
Ellenállás a család részéről (20-21)
Ellenállás a vallási vezetők részéről (22-30)
Ellenállás újra a család részéről (31-35)

B tömb (4,1-5,43)
a   4:1-20   Példázat: A magvető
b   4:21-25   Példázat: A lámpás
c   4:26-29   Példázat: A magától növekedő vetés
d   4:30-34   Példázat: A mustármag
d'   4:35-41   Csoda: A tenger lecsendesítése
c'   5:1-20   Csoda: A gadarai megszállott megszabadítása
b'   5:25-34   Csoda: A vérfolyásos asszony meggyógyítása
a'   5:21-43   Csoda: Jairus lányának feltámasztása

C tömb (6,1-6)
Ellenállás a család és a barátok részéről (1-6)

A B tömbben megint nyolc összetevőt találunk, és ezeket megint két négyes csoportra oszthatjuk. Az első négy Jézus négy példabeszéde, a második négy Jézus négy csodája. Nyilvánvaló ismét, hogy Márk gondosan szerkesztette meg a szakaszt.

Az A és C tömb közötti kapcsolat az ellenállás témája. Az A tömbben Jézust a családja erővel akarja hazavinni, mert „magán kívül van" (3,20-21). A C tömbben Jézus odahaza, Názáretben tanít, de családja elutasítja üzenetét. Jézus pedig azt mondja: „Nem vetik meg a prófétát másutt, csak a hazájában, a rokonai között és a saját házában." (6,4) Ez a két jelzőtábla jelöli ki a második szakasz elejét és végét.

A hatalom a másik téma, mely mindkét tömbben közös. Az A tömbben az írástudók azzal vádolják Jézust, hogy a Sátán erejével űz ki ördögöket (3,22), míg a C tömbben Márk azt mondja, hogy Jézus „nem is tudott itt egyetlen csodát sem tenni, azon kívül, hogy néhány beteget – kezét rájuk téve – meggyógyított." (6,5)

A B tömb válaszolja meg azt a kérdést, hogy honnan van az a hatalom, mely képes megváltoztatni emberek életét és bevinni őket Isten országába.

A négy példázat azt tanítja nekünk, hogy a hatalom Isten igéjében van, a négy csoda pedig azt, hogy a hatalom magának Jézusnak a személyében van.

Mielőtt kicsit közelebbről is megvizsgálnánk a szöveget, érdemes megjegyezni, hogy a második szakaszban látjuk az első példát arra, amit Márkszendvicsnek nevezhetünk. Márk előszeretettel kezd bele egy történetbe vagy témába, amit aztán valami mással megszakít, hogy utána újra visszatérjen rá. Ez megbontja a történet ritmusát és feszültséget épít a történetbe. Könnyebbé teszi ugyanakkor a tanulást is. A két példa itt a 3,20-35 és az 5,21-43.

Jó alkalom lehet ez arra, hogy egyben elolvassuk a 3,13-6,6-ot, és ráérezzünk a tudatos szerkesztésre. Az olvasást pedig csak egy lépés választja el az imádattól.

A tartalom kibontása

A tömb (3,13-35)

A tizenkét apostol elhívása (3,13-19)

Az első szakasz vége felé Jézus elhívta első tanítványait (1,16-20). Most, a második szakasz elején kiválaszt tizenkettőt azok közül, akik azóta követőivé lettek, hogy időt töltsön velük (14) és megbízhassa őket két fő feladattal: hogy prédikáljanak és ördögöket űzzenek (14-15). Ismét Jézus kezdeményez.

Az apostolok számának nagy jelentősége van. Különösen provokatívnak tűnik Jézus részéről az, hogy tizenkettőt választ ki. Korábban megjövendölte már a hagyományos júdaizmussal való szakítást (l. 2,18-22), és néhány zsidó vezető már eldöntötte, hogy el kell őt tenni láb alól (3,6). Szolgálata kezdetén Jézus negyven napot töltött a pusztában (1,13), ami lehet utalás Izráel negyven évi pusztai vándorlására. Most pedig Jézus tizenkét apostolt választ. Vajon Izráel tizenkét törzsét fogják helyettesíteni, és Isten új népének lesznek alapkövévé? Márk erre most még nem ad választ, de a témára drámai módon visszatér az ötödik szakaszban.

A család ellenállása (3,20-21)

Márk arról számol be, hogy Jézus növekvő népszerűsége miatt Jézus és a tanítványai nem mindig tudnak rendesen étkezni. Családja emiatt azt gondolja, hogy Jézus „magán kívül van" (21), ezért úgy döntenek, hogy érte jönnek és hazaviszik. Ez a rövid bekezdés egy Márk-szendvics kezdete, mely az ellenállásról szól (20-35).

A vallási vezetők ellenállása (3,22-30)

Az írástudók vélhetően azzal a céllal jöttek Jeruzsálembe, hogy hangot adjanak a Jézusról kialakított teológiai álláspontjuknak. Eszerint Jézus a Sátántól megszállott, de legalábbis okkult erők hatása alatt áll (22), és hatalmát ebből nyeri.

Második szakasz: A hatalom

Jézus ezért arra hívja fel a figyelmüket, hogy álláspontjuk nem logikus. Miért használná a Sátán Jézust arra a célra, hogy megszervezze saját országának összeomlását (23-26)? Jézus ezen a ponton magyarázatot ad arra, valójában mi is történik az ördögűzések és gyógyítások alkalmával: „Viszont senki sincs, aki egy erős ember házába hatolva el tudná rabolni annak javait, ha csak előbb meg nem kötözi azt az erős embert; akkor kirabolhatja a házát" (27). A kép egyértelmű. Az ördög olyan, mint egy erős ember, aki saját tulajdonának tekintve hatalmában tart embereket. Az evangélium eseményeiben az történik, hogy Jézus legyőzi a Sátánt, hogy megszabadítsa az embereket. A B tömbben drámai példáját látjuk ennek (5,1-20).

Jézus ellentámadásba lendül (28-30), és a Szentlélek elleni káromlásról kezd tanítani. Ezek a zsidó vezetők nem tudatlanok Jézussal és a Messiásról szóló ószövetségi ígéretekkel kapcsolatban. Amikor azzal vádolják Jézust, hogy gonosz lélek van benne (30), tudatosan és szántszándékkal vétkeznek az igazság ellen. Erre a Szentlélek elleni bűnre nincs bocsánat, mondja Jézus.

Ez látszólag ellentmond a Biblia gyakori tanításának, hogy Isten készségesen megbocsátja mindazok bűnét, akik megtérnek hozzá és bizalmukat belé vetik. Az ellentmondás feloldása kétségkívül az, hogy akik elkövették a Szentlélek elleni bűnt, soha nem térnek meg és kérnek bocsánatot. Ez nem tudatlanságból fakadó, hanem szándékos bűn; és nem akármilyen szándékos bűn, hanem az, amikor az igazságot és Isten világosságát tudatosan és szántszándékkal a Sátán hazugságának és a sötétségnek tulajdonítjuk.

Ebből következik, hogy aki amiatt aggódik, vajon elkövette-e ezt a bűnt, az még nem követte el; ha elkövette volna, elképesztően nyugodt lenne. És még egy dolgot meg kell itt említenünk: nekünk nincs jogunk eldönteni, hogy mikor követte már el valaki ezt a visszavonhatatlan bűnt. Még Jézus sem teszi ezt, hiszen nem mondja az írástudóknak, hogy már elérték azt a pontot, ahonnan nincs visszatérés. Ehelyett arra figyelmezteti őket, mi fog történni velük, ha továbbra is szándékosan elutasítják az igazságot.

A család ismételt ellenállása (3,31-35)

A család megérkezett, és beszélni akar Jézussal. Ez a 3,20-21-ben megkezdett Márk-szendvics befejezése. Jézus a válaszában világossá teszi, hogy már új családja van: „Aki az Isten akaratát cselekszi, az az én fivérem, nővérem és az én anyám." (35) Isten új népére utal, melynek a tizenkét apostol a kezdete (13-19).

Az A tömbben látható ellenállás a frissen választott apostolok némelyikében felvethette a kérdést, hogy Jézus valóban Istentől van-e. Miért van az, hogy a Jézust legjobban ismerők (a családja) és az Írásokat legjobban ismerők (az írástudók) elutasítják őt? A B tömb első eleme adja meg erre a választ.

B tömb (4,1-5,43)

Négy példázat Isten igéjének erejéről (4,1-34)

a – A magvető példázata (4,1-20)

Jézus korábban úgy rendezte, hogy álljon rendelkezésére egy csónak (l. 3,9), és most használja is, hogy tanítani tudja a parton összegyűlt tömeget (1-2). Márk egyértelműsíti, hogy itt a 4. részben Jézus példázatai közül csak néhányat jegyez fel (vö. Máté hét példázata a Mt 13 párhuzamos szakaszában).

A 13. versből kiderül, hogy Jézus a magvető példázatát tartja a legfontosabbnak: „Nem értitek ezt a példázatot? Akkor hogyan fogjátok megérteni a többit?" Az első ok, amiért életbevágóan fontos ez a példázat, hogy Isten igéjének hallgatásáról szól. Már a példázat elmondásakor azt mondja Jézus: „Halljátok!" (3a) és „Akinek van füle a hallásra, hallja!" (9). A 14-20. versek magyarázata meglehetősen konkrét: az „ige" szó minden versben előkerül. A példázat arról szól, hogy hogyan hallgatjuk Istent, amikor szól hozzánk.

A második ok, amiért a példázat olyan lényeges, hogy magyarázatot ad a Jézussal szembeni ellenállásra, melyből ízelítőt kaptunk már az A tömbben. Miért nem sietnek az emberek, hogy elfogadják Jézust? A példázat szerint azért, mert négyféle emberi szív van: kemény szív (15), felszínes szív (16-17), megtelt szív (18-19) és nyitott szív (20). Másszóval, a tanítványok ne csodálkozzanak, ha az emberek elutasítják Jézust, inkább számítsanak erre. Minden alkalommal, amikor Isten igéjét tanítjuk, számoljunk csalódással is és gyümölccsel is. Csalódni fogunk az ellenállás miatt, de gyümölcsöt is látni fogunk, amikor emberek elismerik Jézust és azt, hogy jogosan formálhat igényt az életünkre. Ezt a leckét soha nem szabad elfelejteniük a tanítványoknak.

De hogyan értsük a 10-12. verseket? Arra gondol Jézus, hogy Isten nem akarja, hogy az emberek hozzá térjenek és bocsánatot nyerjenek? A kérdésre a válasz természetesen nemleges. A 11. versben Jézus azt mondja a tanítványoknak, hogy kétféle ember van: a kívülállók, akik nem értik, és ezért elutasítják Isten üzenetét, és a belül lévők, akik lehet, hogy szintén nem értik, de Jézus segítségét kérik (l. 10, 34). A példabeszédek nem intelligencia-tesztek, hanem nyitottság-tesztek, melyek azt a célt szolgálják, hogy megmutassák, a hallgatók mely csoporthoz tartoznak. A lelki értelemben nyitott emberek szeretnének többet tudni, ezért Jézus segítségét kérik. Ez ma is igaz.

Egyetlen részlete van a példabeszédnek, melyet Jézus nem magyaráz meg a 14-20. versekben: „A magvető az igét veti" (14), de ki a magvető? Isten hinti az üzenetet, Jézus szerint, vagy mi, tanítványai? A válasz bizonyára mind-

Második szakasz: A hatalom

kettő! De bárki is adja át az üzenetet, az életeket megváltoztató erő Isten igéjében van.

b – A lámpás példázata (4,21-25)

E második példázatban Jézus lámpáshoz hasonlítja az igét. Isten üzenetének tanítása megmutatja, milyen emberek vagyunk, és azt, hogy lelkileg valóban nyitottak vagyunk-e. Ha nem igazán figyelek, hamarosan azt a keveset sem fogom megérteni Isten igéjéből, amit addig már sikerült megragadnom. Ha azonban nyitott vagyok Isten előtt, egyre többet fogok érteni is (25). Ennyire hatalmas Isten igéje.

c – A magától növekedő vetés példázata (4,26-29)

Csak Márk jegyzi le számunkra ezt a példázatot: a B tömb témájának tökéletesen megfelel. Jézus újra az Isten igéjében rejlő hatalmat hangsúlyozza. A mag elvetését mindenképpen növekedés kíséri, és ez a növekedés nem függ a magvetőtől: „azután alszik és felkel, éjjel és nappal: a mag sarjad és nő, ő pedig nem tudja, hogyan" (27).

Jézus az elbátortalanodott tanítványokat bátorítja. Amikor Isten igéjét hintjük, a növekedés is biztos: „Magától terem a föld" (28). Az aratás is biztos, amint a 29. vers világossá teszi. Jézus szerint az ige hintésekor nincs tehát olyan titkos adalék, mely a növekedést előidézné, a hatalom magában az igében van.

d – A mustármag példázata (4,30-34)

Az üzenet többé-kevésbé ugyanaz itt is, mint az előző példázat esetében. Most azonban Jézus kétféleképpen is hangsúlyozza az Isten igéjében rejlő hatalmat. Először is, az első században legkisebbnek ismert magot választja, hogy az Isten országáról szóló tanítás látszólag jelentéktelen kezdeteire utaljon. Másodszor, „megnő és nagyobb lesz minden veteménynél" (32). Az a tény, hogy „olyan nagy ágakat hajt, hogy árnyékában fészket rakhatnak az égi madarak" (32) valószínűleg csak arra utal, hogy a növény hatalmasra nő. Jézus mindenesetre teljesen meg van győződve arról, hogy Isten országa meg fog nőni, mert Isten igéjében nagy hatalom van.

Nem kell sokat törnünk a fejünket, hogy rájöjjünk, a sok általa ismert példázat közül (33) Márk miért pont ezeket jegyezte le. A négy példázat – melyet négy csoda követ a 4,35-5,43-ban – az evangéliuma számára általa választott struktúrában nyer értelmet. Ráadásul mind a négy példázatban Jézus az Isten igéjében rejlő hatalomról tanít.

Négy csoda Jézus hatalmáról (4,35-5,43)

d' – A tenger lecsendesítése (4,35-41)

Miért ezeket a csodákat választotta Márk a B tömb második felének? Nem nehéz megtalálni a választ. Azt mutatják ezek a csodák, hogy Jézusnak hatalma van az élet minden területe felett: a természet felett (4,35-41), a gonosz felett (5,1-20), a betegség felett (5,25-34) és a halál felett (5,21-43). Amennyiben Jézus Úr e négy terület felett, melyben folyamatosan emberi erőtlenségünket éljük át, akkor ő minden felett Úr. A tanítványok a 4,41-ben már kapizsgálni kezdik, hogy ennek következményei félelmetesek és letaglózóak. Ha közelebbről is megnézzük ezt az első csodát, mindjárt látni fogjuk, miért.

Márk rendkívül élénk képet fest a vihar hevességéről (37). A tanítványok (köztük négy tapasztalt halászemberrel), akik hozzászoktak a galileai időjáráshoz, komolyan számolnak azzal a lehetőséggel, hogy hajójuk elsüllyed és mindannyain a vízbe fulladnak (38). Valószínűleg mind megdöbbenek azon, hogy Jézus képes az egészet átaludni; feltehetőleg azért keltik fel, mert szükségesnek és lehetségesnek tartják, hogy csodát tegyen.

Márk ekkor úgy mutatja be Jézust, mint aki teljesen ura a helyzetnek. Legalább két meglepetés van a 39. versben. Először az, hogy Jézus úgy beszél a szélhez és a hullámokhoz, mint mikor valaki egy ugráló kutyának mondja: „Hallgass el, némulj meg!" Másodszor az, hogy a természet engedelmeskedik neki. Már az is elég meghökkentő, hogy a szél eláll, de a hullámok is azonnal eltűnnek, anélkül, hogy az elsimulásuk időt venne igénybe: „nagy csendesség lett". Jézusnak ez bizonyos értelemben nem meglepő: „Akkor ezt mondta nekik: ,Miért féltek ennyire? Miért nincs hitetek?'" (40)

Márk úgy szerkesztette az evangéliumot, hogy ezt a csodát párhuzamba állítsa a mustármag példázatával. A hajó hátsó részében lévő ember identitásának kérdése (41) ugyanúgy kicsiny kezdet, mint a mustármag; de ezzel a letaglózó csodával és az ebből fakadó kérdéssel Jézus elindított egy folyamatot, mely nem csak ahhoz vezet, hogy a tanítványok felismerik, kicsoda Jézus, de ahhoz is, hogy az elkövetkező évszázadok során férfiak és nők millióinak élete változik meg Jézus hatalma által. Miközben ezeket a szavakat írom, te pedig olvasod őket, sokan közülünk is részei vagyunk annak a vetésnek, mely „nagyobb lesz minden veteménynél" (32).

c' – A gadarai megszállott megszabadítása (5,1-20)

Márk látszólag csak egy szókapcsolattal állítja párhuzamba ezt a csodát a titkon növekedő vetés példázatával: az „éjjel és nappal" kifejezés kizárólag a 4,27-ben és 5,5-ben fordul elő Márk evangéliumában. De többről is szó van. A gonosz állandóan azon munkálkodik, hogy tönkretegye az emberi életeket

Második szakasz: A hatalom

(l. 5,5), de Isten országa is állandóan növekedik (l. 4,27). Ez az esemény pedig azt fogja megmutatni nekünk, melyik az erősebb.

Márk újra az emberek erőtlenségét hangsúlyozza, hogy visszatartsák a gonosz tombolását ebben az emberben (1-5): „senki sem tudta megfékezni" (4). Ez szörnyű bemutatása a bűn és a gonosz pusztító erejének. A démonok megint felismerik, hogy kicsoda Jézus (7), majd furcsa párbeszéd kezdődik, melyben Légió arról tárgyal Jézussal, mi történjen vele, illetve azt kéri tőle, hogy küldje őt a disznókba.

Ezen a ponton sok kérdés merül fel bennünk, de ne engedjük, hogy ezek eltérítsenek bennünket Márk fő üzenetétől. A gonosz erői csak azt tehetik, amit Jézus megenged nekik – ők pedig felismerik ezt a tényt: „Megengedte nekik, a tisztátalan lelkek pedig kijöttek, és a disznókba költöztek" (13a). A gonosz nem hasonlítható össze Jézus fenséges hatalmával.

Az emberek reakciója a csodára a félelem (15b, vö. 4,41). Nem azért, mert elvesztették disznóikat, hanem azért, mert tagadhatatlan bizonyítékát látták annak, amit Jézus képes tenni egy ember életében: „Amikor... látták, hogy a megszállott... felöltözve ül, és eszénél van, félelem fogta el őket." (15) Jézustól és az ő hatalmától ijedtek meg.

Jézus nem engedi meg a megszabadított embernek, hogy vele menjen: el kell mondania a családjának, hogy Isten mit tett vele (19) – bár szavakra biztosan nem volt szükség ilyen gyökeresen változás után! Jézus ezúttal nem parancsol hallgatást (mint például az 1,44-ben és később az 5,43-ban), feltehetően azért, mert ez pogány terület volt (1, 20 – a zsidók nem tarthattak volna disznókat), és így az embereknek nem lehettek téves elgondolásaik a Messiásról, mivel valószínűleg arról sem voltak elképzeléseik, hogy Isten a Messiáson keresztül hogyan avatkozik be az emberi történelembe.

Márk azzal fejezi be az elbeszélést, hogy lejegyzi, ahogy ez az ember elkezdi mesélni a történetet, hogy Jézus (nem Isten) mit tett vele (20). Kétséges, hogy ez az ember azt ismerte volna fel, hogy Jézus Isten. Márknak viszont biztosan az a célja, hogy megértsük az üzenetet: az a lenyűgöző hatalom, mellyel Jézus életeket változtat meg, magának Istennek a hatalma. Ez a válasz a tanítványok kérdésére a 4,41-ben.

b' – A vérfolyásos asszony meggyógyítása (5,25-34)

Ez a csoda egy Márk-szendvics közepén van, azt a történetet szakítja meg, amikor Jézus Jairus házához közeledik, hogy meggyógyítsa Jairus leányát. Márk megint a helyzet lehetetlenségét hangsúlyozza: az asszony belső vérzéstől szenved már tizenkét éve, a sok orvos pedig csak rontani tudott az állapotán (25-26). Az asszony tehát súlyos beteg, rituális szempontból tisztátalan, rendkívül szegény és reménytelenül magányos. A tömegben Jézus mögé jut, megérinti köntösét és azonnal meggyógyul (27-28).

Most pedig, mondja Márk, ezt hallgassátok: Jézusnak olyan nagy hatalma van, hogy az emberek úgy is meggyógyulnak, hogy Jézus nem is döntött arról, meggyógyítja-e őket! Isten ereje úgy áramlik lényében, mint ahogy a vér folyik az ereiben.

Jézus azonban tudja, hogy valami történt: „Jézus is azonnal észrevette, hogy erő áradt ki belőle" (30a). A tanítványok hitetlenkedése ellenére a 31. versben Jézus elhatározza, hogy kideríti, ki az, aki az őt szorongató tömegből tudatosan érintette meg. Megvárja, míg az asszony megy hozzá, hogy elmondja neki a „teljes igazságot" (33). Az evangéliumban már másodszor látjuk, hogy Jézus valakinek a hitére válaszol (34, vö. 2,5).

Jézus hatalmának ez a kiemelkedő – mivel nem szándékos – csodája töltsön el csodálattal bennünket. Márk azonban valami mást is szeretne, ha észrevennénk. A B tömb struktúrája összeköti ezt a csodát (b') a lámpás példázatával (b, 4,21-25). Nem nehéz az asszony gyógyulására gondolni, amikor a 4,22-t olvassuk: „Mert nincs semmi rejtett dolog, ami ki ne derülne, és semmi titok, ami napfényre ne jutna." Éppen ez az, amit Jézus az 5,30-34-ben tesz, és ez az, amit hatalmával a mi életünkben is tenni akar.

a' – Jairus lányának feltámasztása (5,21-43)

A zsinagógai elöljáró (22) növekvő elkeseredése miatt majdhogynem elviselhetetlennek érezhette, hogy Jézus az asszonnyal beszélget; és jogosan, mert jön is a hír, hogy a kislány meghalt (35). De Jézus ezekkel a szavakkal fordul Jairushoz: „Ne félj, csak higgy!" (36)

Úgy tűnik, Jairus kész a szaván fogni Jézust – ezek után sem beszéli le arról, hogy eljöjjön hozzá. Talán az asszony hite erősítette meg az övét is. És amikor Jézus megérkezik a házhoz, és azt mondja: „Miért csináltok ilyen zűrzavart, és miért sírtok? A gyermek nem halt meg, csak alszik" (39), nem Jairus és a felesége nevetnek gúnyosan és hitetlenül, hanem a többiek, akik azért gyűltek össze, hogy gyászolják a halott kislányt.

Márk a magvető példázatával (a, 4,1-20) állítja párhuzamba ezt az eseményt. Amikor Isten szavát hirdetik, mindig különböző válaszok születnek: néhányan nevetnek és elutasítják az üzenetet, mások hisznek.

De térjünk vissza Jairus házához. A 4,39-ben Jézus az időjáráshoz beszélt, most az 5,41-ben a halott kislányt szólítja meg – ő pedig engedelmeskedik: „A leányka pedig azonnal felkelt és járkált" (42). Jézus, ahogy szokta, most is azt kéri, hogy hallgassanak a csodáról; majd felismerve elképedésük nagyságát (42), emlékezteti őket arra, hogy a kislány valószínűleg éhes (43).

Második szakasz: A hatalom

Márk üzenete nem lehetne ennél egyértelműbb. Jézus hatalma olyan nagy, hogy a természetnek, a gonosznak, a betegségnek, sőt, még a halálnak is engednie kell neki. Nem fordulhat elő olyan, hogy Jézus erőforrásai kimerülnének. Ez egy meghívás arra, hogy vigyük elé gondjainkat, és bízzunk isteni erejében.

A B tömb szerkezete és Márk mesteri elbeszélése azt a kérdést válaszolta meg, hogy hogyan változhatnak meg emberi életek. A példázatok azt mondják el, hogy a hatalom Isten igéjében van; a csodákban azt látjuk, hogy a hatalom Jézus személyében van. A kettő között nincs különbség: a 4,1-34-ben Jézus szólja Isten szavát, a 4,35-5,43 csodáiban pedig az ő szavai hoznak változást (l. 4,39; 5,8.34.41). Márk arra hív bennünket, hogy higgyünk őbenne.

C tömb (6,1-6)

A család és a barátok ellenállása (6,1-6)

Márk rövid befejezése a második szakasz végén a kétkedés és ellenállás világába visz bennünket vissza. Jézus Názáretben van, ahol gyerekkorát töltötte; később költözött Kapernaumba (l. 2,1). Amikor Jézus otthoni zsinagógájában prédikál, cinikus megdöbbenéssel találja magát szemben: „Nemde az ács ez, Mária fia, Jakab, József, Júdás és Simon testvére? Nem itt élnek-e közöttünk húgai is?" (3) És Márk elmagyarázza, mit jelent ez, amikor hozzáfűzi: „És megbotránkoztak benne." (3b)

Jézus pontosan tudja, mi van a dolog hátterében: „Nem vetik meg a prófétát másutt, csak a hazájában, a rokonai között és a saját házában." (4) Így, éles ellentétben a B tömb hatalmas tetteivel, „Nem is tudott itt egyetlen csodát sem tenni, azon kívül, hogy néhány beteget – kezét rájuk téve – meggyógyított" (5). Azután, hogy olyan sok embert ejtett ámulatba (l. 1,22.27; 2,12; 5,20.42), most Jézuson van a sor, hogy rajtuk– vagy még inkább hitetlenségükön – csodálkozzon (6).

A második szakasz tehát csalódással zárul. Az első szakasz azzal végződött, hogy a vallási vezetők összeesküvést szőttek ellene (3,6), a második szakasz azok ellenállásával ér véget, akik úgy gondolták, mindenkinél jobban ismerik őt.

Az evangélium megtanulása

Könnyű megtanulni a második szakaszt. Ismét a B tömbbel kezdd: néhány percnél nem kell több a négy példázat és a négy csoda megtanulásához. Ne foglalkozz minden részlettel, ezeket később is pótolhatod, ha már a fő vázlatot tudod.

Az A és C tömb nehézségei elhanyagolhatók. Emlékezz arra, hogy mindkettőben megtalálható a család ellenállásának témája. Az A tömbben ezen kívül csak az apostolok elhívása és a zsidó vezetők ellenállása van, utóbbi egy Márk-szendvics közepén.

Arra bíztatlak, hogy szánj időt a szakasz megtanulására: így éppen azt teszed, amit a korai keresztények csináltak. Minél jobban ismerjük az evangéliumot, annál jobban megismerjük Jézust is.

A hatalom

| A | A tizenkét apostol kiválasztása
Ellenállás a család részéről
Ellenállás a vallási vezetők részéről
Ellenállás újra a család részéről | 3 |

| B | a Példázat: a magvető
b Példázat: a lámpás
c Példázat: a magától növekedő vetés
d Példázat: a mustármag | 1 |

| | d' Csoda: a tenger lecsendesítése
c' Csoda: a gadarai megszállott megszabadítása
b' Csoda: a vérfolyásos asszony meggyógyítása
a' Csoda: Jairus lányának feltámasztása | 2 |

| C | Ellenállás a család és a barátok részéről | 4 |

A+C:	Ellenállás
B logikája:	négy példázat – az ige hatalma négy csoda – Jézus hatalma

Az Úrral való találkozás

Ha rászánod magad, hogy gondolatban végigfuss a második szakaszon, azt fogod észrevenni, hogy imádkozni kezdesz és az Urat dicsőíted. Lehet, hogy a B tömb példázatait sorolva eszedbe jutnak az evangélium továbbadásával kapcsolatos tapasztalataid, és elkezdesz imádkozni ezért is. Kérd az Urat, hogy segítsen nem meglepődni azon, amikor visszautasítják az üzenetet, és

Második szakasz: A hatalom

kérd tőle, hogy adjon a szívedbe reménységet, hogy lesznek viszont mások, akik befogadják azt.

A B tömb csodáinak felelevenítése imádatra fog indítani. Vedd szemügyre Jézus hatalmát az élet minden területe felett, hagyd, hogy ámulatba ejtsen a tömeggel együtt téged is, és kérd, hogy mutassa meg hatalmát benned és általad ma is.

Azért imádkozom, hogy ahogy felmondod magadban Márk evangéliumát, újra fel tudd fedezni Jézust.

Harmadik szakasz: A felkészítés (Márk 6,7-8,30)

Az evangéliumban a tanítványoknak ezidáig rengetegszer volt lehetőségük arra, hogy tanúi legyenek Jézus szavainak és hatalmának. Most már az a kérdés gyötörte őket, vajon „ki ez" az ember (4,41). Eddig azonban nagyrészt szemlélők maradtak, figyeltek és hallgattak. Most a harmadik szakaszban Jézus sokkal jobban be fogja vonni őket, mert felkészíti őket a tanítványságra és arra, hogy felismerjék őt annak, aki (8,29).

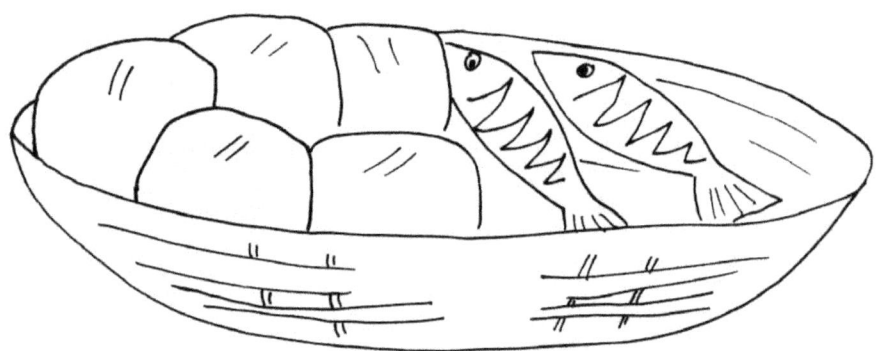

„...mind ettek, és jól is laktak" (Márk 6,42)

Harmadik szakasz: A felkészítés

Gyönyörködés a panorámában

A tömb (6,7-33)
Jézus kiküldi a tizenkettőt (7-13)
Keresztelő János halála (14-29)
A tizenkettő visszatér Jézushoz (30-33)

B tömb (6,34-8,10)

a	6,34-44	Az ötezer megvendégelése
b	6,45-52	Jézus a vizen jár
c	6,53-56	Jézus Genezáretben gyógyít
d	7,1-13	Isten Igéje és az emberi hagyományok
d'	7,14-23	Mi teszi az embert tisztátalanná?
c'	7,24-30	Jézus és a kánaáni asszony
b'	7,31-37	Jézus siketnémát gyógyít
a'	8,1-10	A négyezer megvendégelése

C tömb (8,11-30)
A farizeusok jelt kívánnak (11-13)
A tanítványok zavara (14-21)
A vak meggyógyítása két menetben (22-26)
Péter vallástétele Jézusról (27-30)

Márk nyolc eseményből álló központi tömbje (B tömb) egy-egy hatalmas tömeg csodás megvendégelésével kezdődik és végződik. Kiképzésük részeként Jézus mindkét eseménybe bevonja tanítványait. A tömb közepén – a d és d' eseményekben – Jézus a hagyományos első századi júdaizmus tanításának két elemét támadja meg: a vének hagyományát és azt a kérdést, hogy mi tesz egy embert tisztátalanná Isten előtt. Ez a két esemény az az ajtópánt, amin az egész B tömb megfordul: az a, b és c epizódokban Jézus három alkalommal zsidókkal találkozik, míg a c', b' és a' három pogányokkal való találkozást ír le. A B tömbnek tehát egyrészt világos fejlődése, másrészt belső logikája van.

Az A és a C tömbben megint van valami közös. Most Keresztelő János és Heródes kulcsfontosságú személyei jelentik ezt. Az A tömbben Márk beszámol arról, hogy hogyan halt meg János Heródes miatt (6,14-29). A C tömbben, mikor Jézus arról kérdezi tanítványait, a tömeg kinek tartja őt, az egyik válasz az, hogy ő Keresztelő János (8,28). Érdekes módon Jézus nem sokkal korábban „a farizeusok és Heródes kovászától" (8,15) óvta a tanítványokat. Máté az ezzel párhuzamos szakaszában „a farizeusok és szadduceusok kovászáról" beszél (Mt 16,11); Márk viszont úgy tűnik, szándékosan ad nekünk jeleket, hogy a harmadik szakasz kezdetére és végére mutasson.

Két Márk-szendvics van ebben a szakaszban. Az egész A tömb ide sorolható: a Keresztelő János haláláról szóló beszámoló a tanítványok kiküldése és ezt követő visszatérése (6,7-33) közé van beszorítva. A második szendvics ennek megfelelően a C tömbben található. Márk elmondja a vak ember két lépésben való meggyógyításának történetét (8,22-26); ezt megelőzően a tanítványok zavarát (14-21), majd ezután azt, hogy végül meggyőződtek arról, hogy Jézus a Messiás (27-30).

Mielőtt részletesebben is visszatérnénk a szöveghez, szánj időt arra, hogy magad is végigolvasd a Márk 6,7-8,30-at. Kérheted az Urat, hogy készítsen fel téged is, ahogy akkoriban első tanítványait felkészítette.

A tartalom kibontása

A tömb (6,7-33)

Jézus kiküldi a tizenkettőt (6,7-13)

Az első szakasz vége felé Jézus elhívta első tanítványait (1,16-20); a második szakasz elején kiválasztotta a tizenkét apostolt (3,13-19); most pedig, a harmadik szakasz elején kiküldi őket egy felkészítő kiküldetésre. Korábban említettük, hogy itt egy Márk-szendvics kezdődik.

Jézus utasításai a 8-10. versekben azt a célt szolgálják, hogy a tanítványoknak mindenképpen Istentől kelljen függniük szükségeik betöltése végett. Ha bármely faluban nem fogadják be őket vagy üzenetüket, Jézus tanácsa az, hogy „kimenve onnan, még a port is verjétek le lábatokról" (11), annak jeleként, hogy az emberek válasza nem a tanítványok felelőssége.

Az apostolok három dolgot tesznek kiküldetésük során: hirdetik a megtérés szükségességét (12), ördögöket űznek és sokakat meggyógyítanak (13). De valami más is történik. Már nem csak hallgatják és figyelik Jézust, hanem maguk is cselekszenek, és így tanulnak. Ez elengedhetetlen része annak, ahogy Jézus a tanítványait képezte.

Keresztelő János halála (6,14-29)

Márk részletesen elmondja nekünk ezt a történetet, de figyelemre méltó tény, hogy az esemény elhelyezése nincs megfelelő időrendben: János minden bizonnyal hónapok óta halott volt már az evangéliumnak ezen a pontján.

Az tehát a kérdés, vajon miért döntött úgy Márk, hogy most mondja el nekünk János halálát. A szendvics-szerkezet (7-33) adja meg a választ. Bár a 16-29-ben Márk Heródes bűnös félelmére és rossz lelkiismeretére tereli a figyelmet, a 7-13 és a 30-33 versek tágabb szövegkörnyezete azt valószínűsíti, hogy a tanítványságról akar mondani nekünk valamit. Az apostolok küldetése (7-13) a 13. vers alapján sikeresnek látszik; amikor visszatérnek Jézushoz (30-33), örömmel fogják mesélni neki élményeiket (l. 30). De Márk tudatni akarja velünk, hogy a tanítványságnak ára van. Keresztelő János hűséges követője volt Jézusnak: „János ezt mondta neki /Heródesnek/: 'Nem szabad együtt élned testvéred feleségével'" (18). János hűségéért az életével fizetett (26-29).

Márk üzenete az A tömbben tehát a következő: nem szabad naívaknak lennünk Jézus követését illetően. A tanítványok átélték Isten erejét, amikor Jézus hatalommal kiküldte őket (7), de a tanítványok tapasztalata néha a Jézus és az evangélium miatti üldöztetés és akár a halál is lehet.

A tizenkettő visszatér Jézushoz (6,30-33)

Márk azzal fejezi be a szendvics-szerkezetet, hogy lejegyzi a felkészítő küldetés végét: „Az apostolok visszatértek Jézushoz, és elbeszélték neki mindazt, amit tettek és tanítottak" (30). Jézus törődik velük, látja, hogy ételre, italra és pihenésre van szükségük (31-32), a tömeg kitartó nyomulása azonban lehetetlenné teszi ezt (33). A tanítványságnak egyaránt van pozitív és negatív oldala. Ezt mondja el Márk az A tömbben.

B tömb (6,34-8,10)

Három esemény, melyben zsidókról van szó (6,34-56)

a – Az ötezer megvendégelése (6,34-44)

Ez Jézus egyetlen csodája, melyet mind a négy evangélista lejegyzett, Máté és Márk pedig ezen felül beszámol a négyezer megvendégeléséről is (l. 8,1-10). Miért olyan fontos egy nagy embertömeg megetetése?

A válasz az Ószövetségben, Ézsaiás prófétánál található. Ézsaiás a következőt írja egy a végső időkre előretekintő szakaszban: „Készít majd a Seregek URa ezen a hegyen minden népnek lakomát zsíros falatokból, lakomát újborokból, zsíros, velős falatokból, letisztult újborokból. Ezen a hegyen leveszi a leplet, amely ráborult minden népre, és a takarót, amely betakart minden nemzetet. Véget vet a halálnak örökre! Az én Uram, az ÚR letörli a könnyet minden arcról. Leveszi népéről a gyalázatot az egész földön. – Ezt ígérte az ÚR!" (Ézs 25,6-8) Ma ezt a menny költői leírásának mondanánk; az első századi zsidók a nagy messiási lakomának nevezték, melyen maga a Messiás lesz a vendéglátó.

Az ötezer megvendégelése természetesen nem a messiási lakoma, hanem annak egy előképe. Azok a zsidók, akik ismerték az ószövetségi próféciáikat, rögtön Ézsaiás könyvének 25. részére gondoltak, és a csodát annak a jeleként látták, hogy Jézus a megígért Messiás. A negyedik evangéliumban János leírja, hogy az emberek, miután tanúi voltak ennek a csodának, megpróbálták erőszakkal politikai uralkodóvá tenni Jézust (Jn 6,14-15). Anélkül, hogy ebbe mélyebben belemennénk, vegyük észre, hogy Jézus hogyan reagál a tömeg szükségeire: „Amikor Jézus kiszállt, és meglátta a nagy sokaságot, megszánta őket, mert olyanok voltak, mint a pásztor nélkül való juhok, és kezdte őket sok mindenre tanítani." (34) A tömeg elveszettségére a megoldás nem a csoda, hanem a tanítás. Az embereknek leginkább arra van szükségük, hogy az igazságot hallják önmagukkal és Istennel kapcsolatban.

De térjünk vissza a csodához. Jézus tudatosan megragadja a lehetőséget, hogy a helyzetet a tanítványok kiképzésére használja. Amikor azt mondják neki, hogy küldje el a sokaságot, hogy ennivalót vehessenek maguknak, Jézus csendesen ezt válaszolja: „Ti adjatok nekik enni!" (37a) A tanítványok elmagyarázzák Jézusnak: „Ez nekünk nyolc hónapi fizetésünkbe kerülne!" (37b), mire Jézus rávilágít a helyzet lehetetlenségére, mert megkérdezi tőlük, menynyi élelem áll rendelkezésükre. A válasz: öt kenyér és két hal!

Jézus szándékosan helyezi a tanítványokat olyan helyzetbe, ahol kimerül minden tartalékuk. Az A tömbben már megtette ezt velük (l. 7-13), most újra megteszi. Kiképzésük része az, hogy meglássák, egyedül, Isten nélkül nem jutnak semmire, illetve meglássák azt is, hogy a „lehetetlen" szó nincs Isten szótárában.

Jézus ismét bevonja tanítványait a csodatevésbe: „Ekkor Jézus vette az öt kenyeret és a két halat, feltekintett az égre, megáldotta és megtörte a kenyereket, majd átadta a tanítványoknak, hogy tegyék eléjük" (41). Ugyanaz az elv működik itt is: a tanítványok nem pusztán szemlélők, hanem azáltal tanulnak, hogy maguk is cselekszenek. A tanítványok kiképzésben vesznek részt, hogy részesei legyenek Jézus céljainak, és felismerjék, kicsoda ő.

A szakasz végén Márk rávilágít a csoda nagyságára, amikor elmondja, hogy miután mindenki jóllakott, „összeszedték a kenyérdarabokat tizenkét tele kosárral" (43). Amikor én hívok meg barátokat ebédre, kevesebb étel van a végén, mint az elején; Jézussal ez fordítva van!

b – Jézus a vízen jár (6,45-52)

Jézus most egészen másfajta kiképzési tapasztalatnak teszi ki a tanítványokat. Ez a csoda nem olyan, amiben aktívan részt vennének – legalábbis addig, amíg Péter nem kérdezi meg, hogy járhat-e ő is a vízen. (De Márk úgy dönt, hogy nem jegyzi fel Péter kérését.) Ez a csoda Márk evangéliumában szokatlan, mert csak a tanítványoknak szól. Ők nem azt figyelik most, amit Jézus másokkal tesz; ezt Jézus nekik teszi. Ez is a felkészítés része.

Márk elmondja nekünk az 52. versben, hogy „Nem okultak a kenyerekből, mert a szívük még kemény volt." Ez a csoda tehát azt a célt szolgálta, hogy felkészítse a tanítványokat Jézus valódi énjének felismerésére. Valóban, közvetlenül azelőtt, hogy Jézus beszállt a csónakba, azzal csillapította félelmüket, hogy azt mondta: „Bízzatok, én vagyok, ne féljetek!" (50) A görögben az „én vagyok" az a név, ahogyan Isten kijelentette magát az Ószövetségben (l. például a 2 Mózes 3,14). A tanítványok azonban még mindig nem fogják fel az üzenetet.

c – Jézus Genezáretben gyógyít (6,53-56)

„Amikor kiszálltak a hajóból" – mondja Márk – „azonnal felismerték őt" (54). A tanítványokkal ez még nem történt meg igazán. Ez az összefoglaló szakasz olyan képet fest Jézusról, mint aki mindenféle erőfeszítés nélkül képes betölteni az emberi szükségeket, melyekkel találkozik. Márk az 5,27-29-re emlékeztető mondattal hozzáfűzi: „Ahova csak bement, falvakba, városokba vagy településekre, letették a tereken a betegeket, és kérték őt, hogy legalább a ruhája szegélyét érinthessék; és akik csak megérintették, meg is gyógyultak." (56)

Mire gondolnak a tanítványok, amikor tanúi mindezeknek? Milyen közel kerülnek a Jézusról szóló igazsághoz? A válasszal várnunk kell a C tömbig.

Két támadás a hagyományos első századi júdaizmus ellen (7,1-23)

d – Isten igéje és az emberi hagyományok (7,1-13)

Igaz ugyan, hogy ezekben a versekben a rituális tisztátalanság kérdése ad okot Jézusnak a tanításra, de konkrétan csak a 14-23. versekben tér ki erre. Itt, az 1-13. versekben Jézus azt magyarázza el a zsidó vezetőknek, hogy a kérdéssel kapcsolatos álláspontjuk egy sokkal mélyebb probléma szimptómája. Ez nagyon lényeges téma, és kulcsfontosságú része a tanítványok kiképzésének.

Az első századi zsidók véleménye szerint az isteni kijelentésnek két forrása volt: Isten írott igéje és az egyik nemzedékről a másikra származó szájhagyomány. A második forrást „a vének hagyománya" néven ismerték (3, 5). Jézus azzal vádolja a zsidó vezetőket, hogy nem ismerték fel a szájhagyomány tisztán emberi eredetét. Sőt, ami még rosszabb: „Az Isten parancsolatát elhagyva az emberek hagyományához ragaszkodtok." (8) Másszóval: emberek által létrehozott elméletek kedvéért figyelmen kívül hagyják Isten igéjét. Jézus enyhe gúnnyal mutat rá a lényegre: „Szépen félreteszitek az Isten parancsolatát azért, hogy a helyébe állíthassátok a magatok hagyományait." (9) Ez pedig – teszi hozzá – nem új jelenség: Ézsaiás prófétált erről, amikor azt mondta: „olyan tanításokat tanítanak, amelyek emberek parancsolatai" (7).

Jézus példát ad arról, hogy ez mit jelent a gyakorlatban. Az ószövetségi törvény világossá tette, hogy az embereknek tisztelniük kell apjukat és anyjukat (10), de létezett a véneknek olyan hagyománya, mely azt tanította, hogy a felnőtt gyermeknek abban az esetben nem kell szükségben lévő szüleit támogatnia, ha a pénze előzőleg Isten számára „korbán"-nak lett nyilvánítva (l. 10-12. versek). Jézus így foglalja össze a helyzetet: „és így érvénytelenné teszitek az Isten igéjét hagyományotokkal, amelyet továbbadtatok" (13). És szomorú, de ez nem elszigetelt jelenség: „sok más ehhez hasonlót is tesztek" (13b).

Jézus nem önmagában az emberi hagyományt támadja, de amint a hagyomány Isten igéjével egyenlő tekintélyt kap, a gyakorlatban át is veszi annak helyét.

Ezek a versek komoly támadást jelentenek a jeruzsálemi zsidó vezetők ellen (1). Mielőtt Jézus Ézsaiás szavait idézné: „Ez a nép csak ajkával tisztel engem, de szíve távol van tőlem", azt mondja nekik: „Találóan prófétált Ézsaiás rólatok, ti képmutatók" (6).

Mégis érdekes, hogy Márk semmit nem mond ezeknek a vezetőknek a reakciójáról (bár valószínűleg el tudjuk képzelni, hogy érezhették magukat!). A harmadik szakasz a tanítványok kiképzésére fekteti a hangsúlyt. Ők jelen vannak, figyelnek (2, 17), és éppen azt tanulják, hogy soha nem engedhetjük, hogy az emberi hagyományok – bármilyen előnyösek is – ellentmondjanak Isten igéjének.

d' – Mi teszi az embert tisztátalanná? (7,14-23)

Jézus most rátér arra a konkrét kérdésre, hogy mi tesz embereket koszossá és tisztátalanná Isten előtt. Az első században a zsidó hagyomány azt tanította, hogy a bűnnel és a bűnösökkel való külső érintkezés ennek a gyökere és oka. Márk az evangéliumban bemutatta már ezt a hozzáállást egy példán keresztül (l. 2,15-16).

Jézus azonban világossá teszi, hogy a szívünkben lévő bűn tesz bennünket tisztátalanná Isten előtt, nem külső hatások: „Nincs semmi, ami kívülről jutva az emberbe tisztátalanná tehetné őt; hanem ami kijön az emberből, az teszi tisztátalanná." (15)

A 17-23. versekben Jézus egyedül van tanítványaival. A szív gonoszságáról tanítja őket: „Mert belülről, az ember szívéből jönnek elő a gonosz gondolatok, paráznaságok, lopások, gyilkosságok, házasságtörések, kapzsiságok, gonoszságok; valamint csalás, kicsapongás, irigység, istenkáromlás, gőg, esztelenség. Ezek a gonoszságok mind belülről jönnek; s ezek teszik tisztátalanná az embert." (21-23) Ha ezt nem hisszük, azt fogjuk gondolni, hogy saját erőfeszítéseink megmenthetnek bennünket. Ahogy Lévi vendégségén mondta Jézus: „nem azért jöttem, hogy az igazakat hívjam, hanem hogy a bűnösöket" (2,17).

Három esemény, melyben pogányokról van szó (7,24-8,10)

c' – Jézus és a kánaáni asszony (7,24-30)

A B tömb első három eseményében (a, b és c esemény) zsidókról van szó; most viszont, miután a d és d' eseményekben Jézus az első századi hagyományos zsidó tanítást kritizálta, Márk a tömböt három olyan eseménnyel fejezi be, melyekben pogányokról van szó (c', b' és a' esemény).

A tanítványok természetesen látták már Jézus szeretetét megnyilvánulni egy pogány iránt (l. 5,1-20); most pedig ismét pogány területre érkezik (24). Reakciója a pogány asszony kérésére azonban mindennek látszik, csak nem szeretetteljesnek: „Hadd lakjanak jól először a gyermekek, mert nem jó elvenni a gyermekek kenyerét, és odadobni a kutyáknak." (27) A megjegyzés nem olyan kemény, mint amilyennek tűnik. Az első században a zsidók pogány kutyákról beszéltek, de Jézus más szót használ itt, nem az utcán vadon élő állatokra, hanem a családban lévő háziállatokra utal. Ezzel együtt világossá teszi, hogy Isten üdvtervének ezen a pontján Izráelnek elsőbbsége van. Az asszonnyal kapcsolatban az a legjelentősebb, hogy elfogadja ezt, mégis segítséget kér: „Úgy van, Uram" – válaszolja –, „de a kutyák is esznek az asztal alatt a gyermekek morzsáiból." (28) Jézus erre úgy válaszol az asszonynak, hogy meggyógyítja a lányát – anélkül, hogy a lány jelen lenne!

b' – Jézus siketnémát gyógyít (7,31-37)

Jézus most visszatér arra a területre, ahol Légiót kiűzte (31, vö. 5,20). A négy evangélista közül csak Márk mondja el ezt a történetet. Az, amit Jézus a 33. és 34. versben tesz, segít a süketnéma embernek, hogy elhiggye, talán csodát fog átélni, és ez a csoda a 35. versben meg is történik.

Az emberek „szerfölött álmélkodtak" – mondja Márk (37), ahogy a tanítványok is a párhuzamos b eseményben, mikor Jézus a tengeren járt (l. 6,51). Azt mondják: „a süketeket is hallóvá teszi, a némákat is beszélővé" (37b), ami majdnem szó szerint megegyezik az Ézsaiás 35,5-6 szavaival, amelyek a Messiás eljöveteléről szólnak. Ezek az emberek pogányok, nem ismerik az ószövetségi Szentírást, de ennek ismerete nélkül is kezdik felismerni, kicsoda Jézus.

a' – A négyezer megvendégelése (8,1-10)

Amennyiben ez a csoda az ötezer megvendégeléséhez hasonlóan (6,34-44) a messiási lakoma előképe, különös jelentősége van, hiszen ebben az esetben pogányokról van szó. Az első századi zsidók többsége magától értetődően tartotta, hogy a lakoma csak Izráelnek készül, de a korábban idézett ézsaiási próféciák „minden népnek lakomát zsíros falatokból" (Ézs 25,6) ígértek.

Jézus újból bevonja a tanítványokat, és megmutatja nekik a helyzet lehetetlenségét. Miután a tanítványok szétosztották az ételt, Márk azt mondja: „Ettek és jóllaktak, azután összeszedték a maradék darabokat hét kosárral" (8).

Ha mi csodálkozunk azon, hogy a tanítványok elfelejtették a korábbi csodát (4), mindjárt látni fogjuk, hogy Jézus is csodálkozik azon, hogy milyen lassan fogják fel az igazságot.

A B tömb struktúrája azt mutatta be, amint Jézus a tanítványokat képezte, hogy megtanulják szolgálni őt, és felismerjék, kicsoda ő. A szakasz közepén az első századi júdaizmussal való feszült találkozásban a tanítványok három dolgot tanultak: a vallásos emberek néha képmutatók, Isten igéje az emberi hagyományok felett áll, és az emberi szív reménytelenül romlott. De még mindig nem teljesen biztosak abban, kicsoda Jézus.

C tömb (8,11-30)

A farizeusok jelt követelnek (8,11-13)

Jogosan gondolhatnánk, hogy csodáival és tanításával Jézus már elégséges bizonyítékát adta hatalmának és kilétének, de a farizeusok itt mennyből jövő természetfeletti jelet követelnek. Jézus azonban nem segít olyanoknak, akik elhatározták, hogy bezárják a lelküket. „Ezzel otthagyta őket" – mondja Márk a 13. versben. Ez fizikailag értendő, de lehet mélyebb értelme is.

A tanítványok zavara (8,14-21)

Jézus óva inti a tanítványokat, nehogy engedjék, hogy a farizeusok vagy Heródes hatása alá kerüljenek (14-15). Mire gondol? A farizeusok fő hibáját láttuk már a d és d' eseményekben a szakasz B tömbjében: hagyományaik fontosabbakká váltak Isten igéjénél. Ez állandó veszélyt jelent a tanítványokra nézve. Hasznos hagyományok (pl. „csendes idő" minden nap) fontosabbá válhatnak, mint a Biblia maga. A farizeusok kovászának másik vetülete a bizonyíték követelése, másszóval az, hogy nem akarnak hinni (l. 8,11-13).

De mit ért vajon Jézus Heródes kovászán? Az A tömbben Keresztelő János lefejezésének hosszas elbeszélése adja meg a választ. A 6,17-ben Márktól megtudjuk, hogy Heródes szívesen hallgatta Jánost, és védelmébe vette őt, mert „tudta, hogy igaz és szent ember" (20).

De ezután elhamarkodott ígéretet tesz Heródiás lányának, aki – édesanyja sürgetésére – Jánost fejét követeli tőle (25). Közvetlenül ezután azt olvassuk: „Bár a király erre nagyon szomorú lett, mert esküje és a vendégek miatt nem akarta őt elutasítani." (26) Heródes kovásza az, amikor attól való félelmünkben, hogy mit fognak szólni az emberek, nem engedelmeskedünk Isten igéjének.

Itt tehát a tanítványok kiképzésének egy kulcsfontosságú részét látjuk: „Vigyázzatok, óvakodjatok a farizeusok kovászától és a Heródes kovászától!" (8,15) Saját hagyományaink és a többiektől való félelmünk akadálya lehet annak, hogy Jézust hűségesen kövessük.

Jézus azonban észreveszi, hogy a tanítványok teljesen össze vannak zavarodva; azt gondolják, hogy ő kenyérről beszél! Ez megdöbbenti: „Van szemetek, és mégsem láttok, fületek is van, és mégsem hallotok?" (18), és rövid memóriatesztet ad nekik a csodák részleteiről. Ők azonban továbbra is össze vannak zavarodva, és nincsenek tisztában annak az embernek a kilétével, aki ezeket a csodákat tette: „Erre Jézus újra megkérdezte: 'Még mindig nem értitek?'" (21)

A vak meggyógyítása két menetben (8,22-26)

Amint a harmadik szakasz elején láttuk, ez a gyógyítás egy Márk-szendvics központi eleme, mely a 14. verssel kezdődött, és a 30. verssel fog befejeződni. Ez egy nagyon furcsa epizód: a többi evangélista talán azért nem is jegyezte fel, mert túl könnyű félreérteni. Őszintén szólva nem tudjuk, miért két menetben történt a gyógyítás.

A szövegkörnyezetből tudjuk viszont, hogy Márk szándéka szerint milyen következtetéseket kellene leszűrnünk belőle. A lelki látás ritkán következik be egyetlen pillanat alatt; annak meglátása, hogy kicsoda Jézus, és ez mit jelent számunkra, folyamat, melynek során Jézus fokozatosan megnyitja a szemünket arra az igazságra, melyet látnunk kell. A 25. versben Márk ezt írja: „Aztán Jézus ismét rátette a kezét a szemére, ő pedig körülnézett, és meggyógyult, tisztán látott mindent."

Ez nem olyan folyamat, mely véget érne azzal, amikor valaki keresztény lesz. A tanítványoknak soha nem szabad elkövetni azt a hibát, hogy azt gondolják, már eléggé ismerik Jézust; kiképzésének legfontosabb célja az, hogy megnyissa a szemünket, hogy egyre tisztábban lássuk őt.

Péter vallástétele Jézusról (8,27-30)

A szendvics befejezésével elérkezünk a harmadik szakasz tetőpontjához. Most megtudjuk, mire jutottak a tanítványok annak a kiképző programnak a végén, melyen Jézus keresztülvitte őket.

Cézárea Filippi olyan területen helyezkedik el Izráel határához közel, ahol nem sok dolog történik; olyan, mintha Jézus egy táblát akasztott volna ki:

„Kérem, ne zavarjanak!" Miután végighallgatta, mit tart róla a tömeg, Jézus rátér a rázós kérdésre: „Hát ti kinek mondotok engem?" (29)

Jézus kérdésében a „ti" többes számra utal: tudja, hogy a tanítványok megvitatták már ezt a kérdést maguk között. Péter tehát mindannyiuk nevében válaszol: „Te vagy a Krisztus." (29) A válasz döbbenetes: Jézus az Ószövetségben Isten által rég megígért Szabadító. Péter és barátai néztek, figyeltek, csodálkoztak és tanultak; lelki értelemben Jézus most rátette a kezét a szemükre (vö. 25), és egyszerre láttak!

A harmadik szakasz kiképzése ezzel véget ért – bár még sokat kell tanulniuk a tanítványoknak. Márk befejezte az evangélium első felét, és biztosan azt szeretné, ha mi is elképzelnénk, amint Jézus odafordul hozzánk, és megkérdi tőlünk is: „Hát te kinek mondasz engem?"

Ez az egyik legfontosabb kérdés, amit valaha feltehetnek nekünk, és a válaszunk örökre megváltoztatja az életünket.

Az evangélium megtanulása

Megint a B tömbbel kezdd. Márk könnyűvé tette ezt számunkra: emlékezz arra, hogy a tömb egy-egy nagy tömeg megvendégelésével kezdődik és végződik. A d és d' eseményekben Jézus az első századi zsidó vallással kerül összeütközésbe. Ezt megelőzően három találkozás van zsidókkal, ezt követően pedig három találkozás pogányokkal.

Az A és C tömbök szendvicse szintén könnyűvé teszi megtanulásukat. Emlékezz arra, hogy a harmadik szakasz témája a kiképzés, így sokkal hamarabb értelmet nyer. Biztos vagyok abban, hogy Márk azért írta az evangéliumát, hogy megtanulják; és biztos vagyok abban is, hogy élvezni fogod, ha egyszer belekezdesz!

A felkészítés

| A | Jézus kiküldi a tizenkettőt
Keresztelő János halála
A tizenkettő visszatér Jézushoz | 4 |

| B | a Az ötezer megvendégelése
b Jézus a vízen jár
c Jézus Genezáretben gyógyít | 2 |

| | d Isten Igéje és az emberi hagyományok
d' Mi teszi az embert tisztátalanná? | 1 |

| | c' Jézus és a kánaáni asszony
b' Jézus siketnémát gyógyít
a' A négyezer megvendégelése | 3 |

| C | A farizeusok jelt követelnek
A tanítványok zavara
A vak meggyógyítása két menetben
Péter vallástétele Jézusról | 5 |

A+C:	Heródes (6,14 / 8,15)
B logikája:	d, d': összeütközés a zsidó hatóságokkal a, b, c: találkozás zsidókkal c', b', a': találkozás pogányokkal

Az Úrral való találkozás

Talán érdemes kipróbálnod azt, hogy elmész sétálni, és közben beszélsz az Úrral mindarról, amit a harmadik szakaszban annak érdekében tesz, hogy a tanítványokat kiképezze és a szemüket felnyissa. Azt gondolom, hogy hálaadásra és imádatra fog ez indítani, mert észreveszed, hogy a te életedben is munkálkodik.

Mert ha felismerted már, hogy Jézus a Messiás, ez azért van, mert ő fokozatosan nyitja fel a szemedet. De annyi minden van még, amit megláthatunk! Kérd őt, hogy segítsen távol tartani magad a farizeusok és Heródes kovászától, és különösen azt, hogy még tisztábban láthasd őt!

Mert ez az evangélium nem csak Jézusról és az első századi tanítványokról szól; hanem Jézusról és rólad a huszonegyedik században.

Azért imádkozom, hogy újra találkozz Jézussal, miközben vele beszélgetsz.

Negyedik szakasz: Az ár (Márk 8,31-10,52)

A tanítványok már felismerték, kicsoda Jézus (8,29), de még sokat kell tanulniuk. A negyedik szakaszban Márk Jézusnak mindössze két csodáját mutatja meg, és azt, hogy sokkal több időt tölt egyedül tanítványaival. Tanítása két dologra ad választ. Mibe kerül Jézusnak az, hogy emberek számára lehetővé tegye bűneik bocsánatát? És mibe kerül a tanítványoknak az, hogy őt követik?

„Ha valaki énutánam akar jönni, tagadja meg magát, vegye fel a keresztjét, és kövessen engem." (Márk 8,34b)

Gyönyörködés a panorámában

A tömb (8,31-9,29)
Jézus először szól szenvedéséről (8,31-33)
Jézus követése (8,34-9,1)
Jézus megdicsőülése (9,2-13)
Jézus gonosz lelket űz ki (9,14-29)

B tömb (9,30-10,31)

a	9,30-32	Jézus másodszor szól szenvedéséről
b	9,33-37	„Én vagyok a legnagyobb"
c	9,38-41	„Mi vagyunk az egyediliek"
d	9,42-50	„A bűn nem számít"
d'	10,1-12	Viszonyulás a házassághoz
c'	10,13-16	Viszonyulás a gyermekekhez
b'	10,17-27	Viszonyulás a tulajdonhoz
a'	10,28-31	A tanítványság jutalma

C tömb (10,32-52)
Jézus harmadszor szól szenvedéséről (32-34)
Jakab és János kérése (35-45)
A vak Bartimeus meggyógyítása (46-52)

Mivel a szakasz Jézusnak három egymáshoz hasonló jövendölését is tartalmazza saját haláláról (a 10,45 kissé eltér a többitől), Márk úgy döntött, hogy mindegyik tömböt egy ilyen jövendöléssel kezdi. A B tömbnek megint könnyen felismerhető struktúrája van: a b, c és d események három hibát foglalnak össze, melyet Jézus tanítványai könnyen elkövetnek, a d', c' és b' események pedig három dolgot mutatnak be, amelyekben Jézus tanítványainak radikálisan különbözniük kell az őket körülvevő világtól. Márk ismét gondosan szerkesztette meg a szakasz struktúráját.

Az A tömböt és a C tömböt Jézus követésének témája köti össze (Jézus szenvedésének első és harmadik bejelentését leszámítva). A 8,34-ben azt mondja a tömegnek: „Ha valaki énutánam akar jönni, tagadja meg magát, vegye fel a keresztjét, és kövessen engem." A C tömb végén pedig, a negyedik szakasz utolsó versében az őt immár látó Bartimeus kezdi Jézust követni (10,52).

Annak ellenére, hogy a negyedik szakaszban a tanítványság árán van a hangsúly, másról is szó van itt. A jövő dicsőségének bizonyossága az, ami Jézust arra indítja, hogy a keresztre menjen, a tanítványokat pedig, hogy kövessék őt (l. például a 9,2-8.41.; 10,29-30.37).

Mindezek fényében érdemes lenne most egyszerre elolvasnod az egész negyedik szakaszt, hogy ízlelgesd annak szerkezetét. Érezd magad szabadnak arra, hogy néha megállj, hogy imádkozz és dicsőítsd Jézust.

A tartalom kibontása

A tömb (8,31-9,29)

Jézus először szól szenvedéséről (8,31-33)

A 31. versben Márk gondosan választotta meg szavait: „És tanítani kezdte őket arra, hogy az Emberfiának sokat kell szenvednie..."Az evangélium első három szakaszában Jézus nem beszélt nyíltan haláláról; csak most, hogy a tanítványok végre megértették, hogy ő a Messiás (8,29), kezdheti Jézus elmagyarázni nekik, hogy miféle Messiás is lesz ő. A dicsőséges Emberfiának (vö. Dániel 7,13-14) szenvednie *kell*, nem azért, mert a zsidó vezetők erősebbek nála, hanem azért, mert ez Isten üdvözítő terve a világ számára.

De Péter ebből nem kér: „ekkor magához vonva őt meg akarta dorgálni" (32). Az első században magától értetődőnek tartották azokat a zsidó elvárásokat, hogy a Messiásnak politikai szerepe lesz, ő fogja megszabadítani népét a római elnyomás alól. Péter érthető módon ugyanígy gondolkodott. Mégis különös, hogy azután, hogy éppen most ismerte fel Jézusban az Isten által megígért Szabadítót, meg akarja mondani neki, hogy miként töltse be Isten akaratát.

Felkavaró, ahogy Jézus megdorgálja Pétert: „Távozz tőlem, Sátán" – mondja, – „mert nem az Isten szerint gondolkozol, hanem az emberek szerint" (33). Egyértelmű, hogy ez kísértés volt Jézusnak: emberileg szólva, nem akarhatta az életét egy kereszten végezni. De lehetséges az is, hogy a 33. vers azt mondja el, hogy Jézus hogyan volt képes ellenállni a kísértésnek: „ő azonban megfordulva tanítványaira tekintett, megdorgálta Pétert". Csak Márk evangéliumában található az a részlet, hogy Jézus mindannyiukra nézett, mielőtt Pétert megdorgálta. Lehetséges, hogy Péter soha nem felejtette ezt el, és az emléket Márknak is továbbadta. Amikor a tanítványokra nézett, Jézus arra emlékeztette magát, hogy a barátai bűnei soha nem nyerhetnek bocsánatot, ha nem hal meg értük. Az irántuk érzett szeretete adott neki erőt, hogy a keresztre menjen.

Jézus követése (8,34-9,1)

A figyelem középpontja most átterelődik a Jézus által fizetendő árról arra, hogy a tanítványoknak mibe fog kerülni az ő követése. Jézus a tömeghez is beszél most (34), az üzenet pedig világos: egy szenvedő Messiást követő tanítványoknak számolniuk kell azzal, hogy maguk is szenvedni fognak. Önmagunk megtagadása – az önközpontú lét elutasítása – fájdalmas; azok az emberek, akik felveszik a keresztet, elfogadják azt a lehetőséget, hogy mártírhalált is halhatnak. Ezt jelenti Jézust követni.

A 35. és 36. versben Jézus azt mondja el, hogy miért teljesen logikus e radikális lépés megtétele. Senki nem adott még erre jobb magyarázatot Jim Elliottnál, aki 1956-ban a dél-amerikai auka indiánok evangélizálása közben mártírhalált halt: „Nem bolond, aki odaadja azt, amit nem tarthat meg, hogy megnyerje azt, amit nem veszíthet el."

Jézus a hallgatóit most arra figyelmezteti, hogy következménye lesz annak, ha szégyellik őt és igéit: „Mert ha valaki szégyell engem és az én beszédeimet e parázna és bűnös nemzedék előtt, azt az Emberfia is szégyellni fogja, amikor eljön Atyja dicsőségében a szent angyalokkal." (38) Érdemes itt megemlíteni, hogy Jézus többnek tartja magát Emberfiánál; amikor „Atyja dicsőségéről" beszél, Isten Fiának nevezi magát (l. 1,11; 3,11).

A 9. rész 1. versének legnyilvánvalóbb értelmezése az, hogy Jézus a megdicsőülésére (színeváltozására) gondol, mely az idők végén való dicsőséges eljövetelének előképe lesz (részletes magyarázatot a kommentárokban lehet erről találni). Márk úgy tűnik, összekapcsolja a kettőt, mert semmit nem mond arról, mi történt az 1. és 2. vers közötti napokban.

Jézus megdicsőülése (9,2-13)

Jézus nyíltan beszélt arról, hogy mi saját maga (8,31-33) és tanítványai számára (8,34-38) az Isten országa ára, ez késztethette a tanítványokat arra, hogy megálljanak és átgondolják döntésüket. Jézus isteni dicsőségének kinyilatkoztatása mindenesetre olyan emlék lesz Péternek, Jakabnak és Jánosnak, mely bátorságot ad majd nekik, hogy bármilyen nagy is az ellenállás, bátran továbbmenjenek.

A hegyen Mózes és Illés csatlakozik Jézushoz (4), bár csak Jézus változik el. Talán az ószövetségi kijelentés egészét, a Törvényt és a Prófétákat képviselik, de van más is, ami közös bennük. Isten szövetsége Izráellel Mózesen keresztül köttetett (l. 2 Móz 24,8), Illés pedig tisztán látta, hogy Izráel megszegte a szövetséget (l. 1 Kir 19,10).

Isten tehát új szövetséget ígért (l. például a Jer 31,31-34, Jóel 3,1-5, Ez 36,24-27). Jézus az, aki valósággá teszi ezt a szövetséget, ahogy az evangélium kezdetén Keresztelő János utalt rá (l. 1,8), és Jézus is világossá teszi majd a végén (l. 14,24). Mózes és Illés jelenlétét ez magyarázhatja.

Az 5. versből egyértelműen látszik a veszély, hogy Péter nem lát valós különbséget Mózes, Illés és Jézus között. Az evangéliumban ezért második alkalommal most megint az Atya szólal meg a mennyből: „Ez az én szeretett Fiam, reá hallgassatok!" (7) Jézus keresztségekor a szavak hozzá szóltak (l. 1,11); most, a megdicsőüléskor Péternek, Jakabnak és Jánosnak szólnak. A hozzáadott mondatrész: „reá hallgassatok" azokat a szavakat juttatják eszünkbe, melyeket Mózes a Próféta-Messiásról mondott, aki egy nap el fog jönni (l. 5 Móz 18,15). Jézusban ezek a szavak teljesedtek be.

A hegyről lefelé menet a három tanítvány azon gondolkodik, mit érthetett Jézus azon, hogy „feltámadt a halottak közül" (9-10), de – valószínűleg annak hatása alatt, hogy épp most látták Illést – egészen mást kérdeznek: „Miért mondják az írástudók, hogy előbb Illésnek kell eljönnie?" (11) Jézus azt válaszolja, hogy a teológusoknak igazuk van (l. Mal 3,1.23), de Illés már eljött. Keresztelő Jánosra utalt, aki nem Illés reinkarnációja volt (a gondolat a Biblia tanításával ellentétes lenne), hanem egy Illés-szerű alak (l. például a Lukács 1,13-17), aki az utat készíti Jézus számára. A 13. vers arra emlékeztet, hogy a harmadik szakaszban (6,14-29) előkerült már a tanítványság árának témája.

Jézus gonosz lelket űz ki (9,14-29)

Ez az A tömb utolsó epizódja, és Márk ezt megint a már ismert szendvicstechnikája segítségével meséli el nekünk. A 14-19. versek és a 28-29. versek Jézusról és arról szólnak, hogy kilenc tanítványa miért nem tudta meggyógyítani a fiút, míg a 20-27. versek azokat a lépéseket mutatják meg, melyeket Jézus a csoda megtételéhez megtett. Mindhárom szakaszban a hit a központi téma. A hit nélkülözhetetlen Jézus követéséhez.

A 14-19. versekben Jézus, Péter, Jakab és János a hegy magasságának élményéből egy szenvedő világba (melyet az apa és fia testesít meg, 17-18) és a kilenc tanítvány erőtlenségéhez ereszkednek alá. Az apa elmagyarázza a helyzetet: „Szóltam tanítványaidnak, hogy űzzék ki, de nem tudták." (18b)

Jézus a hit hiányával magyarázza a kudarcot: „Ó, hitetlen nemzedék, meddig leszek még veletek?"(19a)

A 20-27. versekben Jézus az apával fia állapotáról beszél, és a téma megint a hit. Kétségbeesésében az ember felkiált: „ha valamit lehet tenned, szánj meg minket, és segíts rajtunk!" (22) Jézus azonnal válaszol: „Ha lehet valamit tennem? - Minden lehetséges annak, aki hisz." (23) Az apa elkeseredetten válaszol: „Hiszek, segíts a hitetlenségemen!" (24) Jézus tehát meggyógyítja a fiút, még mielőtt túl sok nézelődő jönne oda (25-27).

A 28. és 29. versekben is jelen van a hit témája. Amikor a tanítványok arról kérdezik Jézust, hogy miért nem tudták kiűzni a démont – annak ellenére, hogy korábban éppen erre adott nekik hatalmat (l. 3,15 és 6,7.13) –, ő így válaszol: „Ez a fajta semmivel sem űzhető ki, csak imádsággal." (29)

Egyértelmű, hogy kapcsolat van a hit és az imádság között, és az imádság hiánya és a lelki dolgokban való erőtlenség között is. Az üzenet félreérthetetlen: a tanítványoknak meg kell tanulniuk, hogy ne ajándékaikra támaszodjanak, vagy akár arra a hatalomra, melyet Jézus adott nekik, hanem magára Istenre. Ez a hit pedig mindenképpen imádságra indít.

A tanítványok kiképzése nem fejeződött be a harmadik szakasz végén. Itt, a negyedik szakasz elején azt tanulják, hogy a Messiás Jézus az Emberfia és az Isten Fia, akinek meg kell halnia és fel kell támadnia; és hogy az ő követése azzal jár, hogy feladjuk saját életünket és nem a magunk képességeire, hanem őrá támaszkodunk.

B tömb (9,30-10,31)

a – Jézus másodszor szól szenvedéséről (9,30-32)

Márk teljesen világossá teszi, hogy mi Jézus fő gondja a B tömbben: „nem akarta, hogy felismerje őt valaki, mert tanítani akarta tanítványait" (30-31). Ez a második jövendölés nem olyan konkrét, mint az első volt (l. 8,31), de ahhoz elég, hogy a tanítványokat megrémítse: „Ők nem értették ezt a beszédet, de féltek őt megkérdezni." (32)

Három hiba, amit Jézus tanítványai elkövetnek (9,33-50)

b – „Én vagyok a legnagyobb" (9,33-37)

A tanítványok zavarba jönnek, amikor Jézus megkérdezi tőlük, miről beszélgettek éppen; Márk elmondja, hogy „arról vitatkoztak az úton egymással, hogy ki a legnagyobb" (34). Jézus alkalmat lát ebben a tanításra, és elmagyarázza nekik, hogy a nagyság jele a szolgálat (35). Jézus egy kisgyereket használ szemléltető eszközként: a magukat fontosnak tartó embereknek nincs idejük a „jelentéktelen" gyerekekre, de a tanítványoknak másmilyeneknek kell lenniük (36-37).

c – „Mi vagyunk az egyedüliek" (9,38-41)

A második hiba attól a tanítványtól ered, aki később a leveleiben a szeretet fontosságát hangsúlyozza: „János ezt mondta neki: 'Mester, láttunk valakit, aki a te nevedben űz ki ördögöket, és eltiltottuk, mert nem követett minket.'" (38) „Ne tiltsátok el" – mondta Jézus (39) –, „mert aki nincs ellenünk, az mellettünk van" (40).

Jézus nem azt érti ezalatt, hogy mindenkinek igaza van, akármit is hisz; Márk háromszor is elmondja nekünk ebben a négy versben, hogy az a legfontosabb dolog, hogy mindent Jézus nevében tegyünk (38, 39, 41), bízva az ő tekintélyében és hatalmában, fél szemmel közben a dicsőségre nézve. De a tanítványoknak meg kell tanulniuk, hogy ne legyenek büszkék és kizárólagosak, hanem nyitottak legyenek mindenki előtt, aki Jézust követi.

Azt is vegyük észre, hogy Jézus jövőbeni jutalomról beszél a tanítványok számára (41). A jövőbeni jutalom látomása bátorságot fog adni követőinek, hogy a jelenben érte éljenek.

d – „A bűn nem számít" (9,42-50)

Ez a bekezdés a bűn komolyságáról szól. Néha másokat viszünk bűnbe, mondja Jézus (42), néha önmagunkat (43-49). Jézus nem kertel: ha azt mondjuk, hogy „A bűn nem számít", a tűzzel játszunk (majdnem szó szerint, 43b, 48). A kéz illetve láb levágásáról és a szem kivájásáról szóló megjegyzései szándékos túlzások, hogy a bűnnel szembeni radikális cselekvés szükségességét hangsúlyozzák. A kéz dolgokra utalhat, melyeket teszünk, a láb helyekre, ahová megyünk, a szem tárgyakra, melyekre a tekintetünk esik. Bármi is legyen a helyzet, a tanítványoknak nem szabad könnyedén venniük a bűnt.

Ahogy említettük, Márk szerint a tanítványok vitatkoztak egymással az úton (34). Most, az 50. versben Jézus azt mondja nekik: „Legyen bennetek só, és békességben éljetek egymással." A három hiba tehát összetartozik; és túlságosan is gyakori a mai keresztények között. Ha másokhoz hasonlítjuk magunkat („Én vagyok a legnagyobb"), megpróbálunk kizárni olyanokat, akik legalább annyira Jézus követői, mint mi („Mi vagyunk az egyedüliek"), vagy figyelmen kívül hagyjuk a bűn súlyát („A bűn nem számít"), nem leszünk hatékony tanítványai Jézusnak.

Három dolog, amiben Jézus tanítványainak különbözniük kell (10,1-27)

d' – Viszonyulás a házassághoz (10,1-12)

Ebben a bekezdésben a farizeusok a válásról tesznek fel kérdést (2). Ez egy becsapós kérdés, de Jézus újabb lehetőséget lát benne a tanításra. A fő hangsúly azonban nem a váláson, hanem a házasságon van: az 5-9. versekben Jézus az 1 Mózes első két fejezetéből idéz, hogy rávilágítson Isten eredeti tervére a házassággal kapcsolatban. A végén pedig azzal fejezi be: „Amit tehát az Isten egybekötött, ember el ne válassza." (9)

Jézus elfogadja ugyan, hogy a válás néha megengedett, de egyértelműsíti, hogy az mindig Isten eredeti szándéka ellen van (5-6). A tanítványok figyelnek (10-12): meg kell tanulniuk, hogy Jézus követői nem házasodhatnak megfontolatlanul; mert a keresztény tanítványoknak a házasság egy életre szól.

c' – Viszonyulás a gyermekekhez (10,13-16)

A B tömb párhuzamos struktúrája segítségével Márk összekapcsolta a c és c' eseményeket: mindkét esetben a tanítványok igyekeznek megakadályozni másokat, hogy közel kerüljenek Jézushoz és szolgáljanak neki. Itt szülőket dorgálnak meg (13), hogy elhozzák gyermekeiket; a tanítványok feltehetőleg azt gondolják, hogy az ő beszélgetésük Jézussal fontosabb.

Az első században a gyermekeket jelentékteleneknek tartották, ezért Jézus méltatlankodása meglephette a tanítványokat: „Engedjétek hozzám jönni a kisgyermekeket, és ne tiltsátok el tőlem őket, mert ilyeneké az Isten országa." (14)

Két fő leckét tanulhatunk ebből: ha valaki be akar menni Isten országába, úgy kell azt fogadnia, mint ahogy egy kisgyermek fogadja az ajándékot (15); másrészt a tanítványoknak soha nem szabad jelentéktelennek tartaniuk a kisgyermekeket.

b' – Viszonyulás a tulajdonhoz (10,17-27)

Márk most egy olyan embert mutat be nekünk, aki eltökélt abban, hogy elnyerje az örök életet: odafut Jézushoz és letérdel előtte (17). Az alázat látszólagos megnyilvánulása ellenére a férfi tisztában van saját jóságából (18-20) és anyagi javaiból (21-22) származó státuszával. A státusz témája emlékeztet bennünket a b epizódban (9,33-37) a tanítványok vitájára, hogy ki a legnagyobb közülük.

De Jézus vonzódik ehhez az emberhez: „miután rátekintett, megkedvelte" (21). Ezért tehát azt mondja el neki, amit hallania kell: „menj, add el, amid van, és oszd szét a szegények között, akkor kincsed lesz a mennyben; azután jöjj, és kövess engem." (21)

Ez nem feltétel minden későbbi tanítvány számára. De mindekinek, aki Isten országába akar jönni, fel kell adnia mindent, ami fontosabb neki Jézusnál és az evangéliumnál (vö. 29). Ez óriási kihívás nekünk, akik annyira anyagias kultúrában nőttünk fel, hogy észre sem vesszük, mekkora visszatartó erővel hat ránk a tulajdon.

A tanítványság ára néha túl nagy: „A válasz miatt elborult az ember arca, és szomorúan távozott, mert nagy vagyona volt." (22) Jézus pedig nézte, ahogy távozott: ő nem akar második helyre kerülni azoknak az életében, akik követni szeretnék őt.

A tanítványokat ez hidegzuhanyként éri. Amint láttuk már, a tanítványoknak nagyon fontos a státusz (l. b esemény), és első századi zsidókként hajlamosak voltak ők is azt hinni, hogy a gazdagok közelebb vannak Istenhez, mint a szegények: „Ők még jobban megrökönyödtek, és ezt kérdezgették egymás közt: 'Akkor ki üdvözülhet?'" (26)

Jézus válaszának az a célja, hogy hangsúlyozza, emberi erő képtelen bárkit is az Isten országába vinni, Isten viszont képes erre: „Az embereknek lehetetlen, de az Istennek nem, mert az Istennek minden lehetséges." (27) Lényeges, hogy mielőtt az emberi gyengeségről beszélne, Jézus újra tanítványaira néz (vö. 8,33).

Nyilvánvaló, hogy a tanítványság az élet minden területét magában foglalja, nem csak azokat a területeket, melyeket szeretünk „vallásosnak" nevezni. De itt, a d', c' és b' eseményekben Márk az élet olyan területeire világított rá, melyekben Jézus követőinek radikálisan különbözniük kell a környező világtól: a házassághoz, a gyerekekhez és a tulajdonhoz való viszonyulásukban. A B tömböt mégis Jézus tanításával fejezi be: a tanítványsággal mindig sokkal többet nyerünk, mint amit elveszítünk.

a' – A tanítványság jutalma (10,28-31)

Ezek a versek nem csak a más országokban szolgáló misszionáriusokra vonatkoznak! Minden tanítvány arra hívatott, hogy magáévá tegye Jézus és az evangélium fontossági sorrendjét az Isten országában (29). Izgalmas megnézni a 29. és 30. versekben a két lista közötti különbséget. A második lista üldöztetést ígér a tanítványoknak ebben az életben, és örök életet a következőben, mely Jézus halálát és feltámadását tükrözi az a eseményben (l. 9,31). További különbség, hogy a tanítvány „százannyit" kap, mint amennyit feladott (30).

Van azonban még egy különség, amely felett sokszor átsiklunk. Az „apát" szó hiányzik a második listáról a 30. versben. Az üzenet világos: míg a tanítványoknak szükségük van póttestvérekre és pótanyákra Isten családjában, nincs szükségük apákra – hiszen Jézus által felfedezték a mennyei Atya szeretetét.

A B tömb tehát nem kizárólag a tanítványság áráról szól. Jézus a jutalmat is hangsúlyozza, mind ebben az életben, mind a következőben. A jövőnek ez a látomása ösztönözhet bennünket Jézus követésére.

Márk azzal fejezi be a B tömböt, hogy Jézus összefoglalja az Isten országa hatását: „Ellenben sok elsőből lesz utolsó, és sok utolsóból lesz első." (31) Mikor az emberek szembefordulnak bűneikkel (l. b, c és d esemény) és magukévá teszik az új életmódot (l. d', c' és b' esemény), akkor Isten az emberi elvárásokkal ellenkező módon cselekszik, és ezáltal a tanítványság ára elhanyagolhatónak tűnik azért az életért, mely Isten országában van.

C tömb (10,32-52)

Jézus harmadszor szól szenvedéséről (10,32-34)

Jézus valószínűleg azért haladt a többiek előtt a Jeruzsálembe vezető úton (32), mert ők nem akartak odamenni: a tanítványok álmélkodtak, a többiek pedig féltek. Az ekkor elmondott jövendölés a legrészletesebb a három közül, magában foglalja Jézusnak a halála előtti szenvedését is, melyet a pogányok kezei között fog átélni (33-34). Márk ezúttal nem számol be a tanítványok reakciójáról; pusztán azt látjuk, hogy a közelgő krízis a jövőbeni státusszal való újabb foglalatossághoz vezet (35-45).

Jakab és János kérése (10,35-45)

A tanítványok nyilvánvalóan nem értették meg a 9,33-37 leckéjét. Jakab és János a legjobb helyeket szeretné az Isten országában (37); amikor pedig ezt a többi tanítvány meghallja, mérgesek lesznek, nem az alázat hiánya miatt, melyet a két testvérben láttak, hanem valószínűleg amiatt, hogy Jakabnak és Jánosnak sikerült először beterjeszteniük kérésüket (41). Azt ők ketten legalább megértették, hogy lesz egy dicsőséges ország, és ennek dicsősége Jézusé lesz: „Add meg nekünk, hogy egyikünk a jobb, a másikunk a bal kezed felől üljön majd dicsőséges uralkodásod idején." (37) De annyi minden van még, amit nem értettek a tanítványsággal kapcsolatban.

Jézus követése három dolgot jelent. Először is szenvedést – a pohár (vö. 14,36) és a keresztség annak a szenvedésnek a képei, melyben Jakab és János magabiztosságuk ellenére (38-39) sem akarnak majd részesülni. Másodszor: Jézus követése engedelmességet jelent – az Atya dönt a jutalmak és pozíciók kérdéséről az Isten országában (40). És harmadszor: a tanítványság szolgálatot jelent, nem másokon való uralkodást (42, vö. 1 Péter 5,3): „De nem így van közöttetek, hanem aki naggyá akar lenni közöttetek, az legyen szolgátok; és aki első akar lenni közöttetek, az legyen mindenki rabszolgája." (43-44)

Jézus saját példája ennek az oka: „Mert az Emberfia sem azért jött, hogy neki szolgáljanak, hanem hogy ő szolgáljon, és életét adja váltságul sokakért." (45) Az evangéliumban Jézus először magyarázza el halála célját. A 45. vers kulcsfontosságú állítás azok számára, akik meg akarják érteni a keresztény hitet. A zsidók és a pogányok összeesküvései ellenére (l. 10,33) Jézus halála önkéntes lesz („életét adja") és bűnáldozat lesz (a „váltság" szó az Ézs 53,10 szenvedő szolgáját juttatja eszünkbe) sokakért (l. Ézs 53,12). És talán mindennél fontosabb az a tény, hogy halála a világba jövetelének központi célja (45).

Márk nem mondja el, hogy a tanítványok miként reagáltak erre a mondatra – talán azért, hogy olvasóiként mi magunk dönthessük el reakcióinkat.

A vak Bartimeus meggyógyítása (10,46-52)

Bár vak, Bartimeus olyat lát, amit a tömeg nem: a názáreti Jézus a Dávid Fia, a Messiás (47-48). Segítségért kiált tehát, és amikor a tömeg el akarja hallgattatni, Márk beszámolója szerint ő „annál inkább kiáltozott" (48).

Jézus kérdése, „Mit kívánsz, mit tegyek veled?" (51) azt a célt szolgálja, hogy meglássék, van-e Bartimeusnak hite. Ahogy az A tömbben a démonizált fiú meggyógyítása esetében, a hit itt is elengedhetetlen (l. 9,23-24) ahhoz, hogy Jézus változást előidéző hatalma cselekedetekben is megmutatkozzon.

A gyógyítás után Bartimeus követi Jézust az úton (52). Márk természetesen szó szerinti követésről beszél itt a C tömb végén; de biztos, hogy párhuzamot is akar vonni Jézusnak az A tömb kezdetén olvasható szavaival: „Ha valaki énutánam akar jönni, tagadja meg magát, vegye fel a keresztjét, és kövessen engem." (8,34)

Hiszen a negyedik szakasz végén sokkal tisztább képünk van a tanítványság áráról, mint a kezdetén. Azoknak, akik követni akarják Jézust, fel kell adniuk énközpontúságukat („Én vagyok a legnagyobb", „Mi vagyunk az egyetlenek", „A bűn nem számít") és új hozzáállást kell kialakítaniuk a házassághoz, a gyermekekhez és a tulajdonhoz (9,33-10,27). De Márk azt is hozzáteszi, hogy mindez megéri (10,28-31), és Bartimeus döntését, hogy Jézus tanítványa legyen, példaként állítja elénk.

Mindannyiunk számára van egy tanulság ebben. Szükségünk van látásra. A jövő dicsőségéről szóló keresztény reménység adja a tanítványoknak a szükséges ösztönzést ahhoz, hogy követni tudják Jézust a jelenben. Péter, Jakab és János megkapták ezt a látást, amikor látták Jézust elváltozni Isten dicsőséges Fiává, és ezt soha nem is felejtették el (l. 2 Péter 1,16-18; 1 Péter 4,12-14; 5,1.10).

Bartimeus élménye tehát bátorítás a számunkra, hogy így imádkozzunk: „Uram, látni szeretnék".

Az evangélium megtanulása

Remélem szánsz időt a negyedik szakasz megtanulására. Könnyű megtanulni, és segíteni fog abban, hogy újra felfedezd Jézust és azt, hogy mit jelent követni őt. Kezdd a B tömb tiszta struktúrájával: két jövendölés, három hiba, amit a tanítványok elkövetnek, három terület, ahol a tanítványoknak különbözniük kell, és a tanítványság jutalma. A címeket tanuld meg; a részleteket később is pótolhatod.

Ha már megjegyezted a B tömböt, az A és C tömb nem jelenthet problémát. A negyedik szakasz megtanulása során ugyanazt teszed, amit meggyőződésem szerint az első keresztények is tettek.

Az ár

A
Jézus először szól szenvedéséről (8,31-33)	4
Jézus követése (8,34-9,1)	
Jézus megdicsőülése (9,2-13)	
Jézus gonosz lelket űz ki (9,14-29)	

B
a Jézus másodszor szól szenvedéséről	1

b „Én vagyok a legnagyobb"	2
c „Mi vagyunk az egyedüliek"	
d „A bűn nem számít"	

d' Viszonyulás a házassághoz	3
c' Viszonyulás a gyermekekhez	
b' Viszonyulás a tulajdonhoz	

a' A tanítványság jutalma	1

C
Jézus harmadszor szól szenvedéséről	5
Jakab és János kérése	
A vak Bartimeus meggyógyítása	

A+C:	Jézus követése (8,34 / 10,52)
B logikája:	a, a': ugyanaz a minta
	b, c, d: három hiba, amit a tanítványok elkövetnek
	d', c', b': három dolog, amiben a tanítványoknak különbözniük kell

Az Úrral való találkozás

Miközben végigpörgeted a fejedben a szakaszt, sok dolog lesz, amiről beszélhetsz az Úrral. Imádd őt, amikor azt látod, hogy a hitre válaszként megváltoztatja emberek életét; imádkozz saját tanítványságodért, miközben hagyod, hogy a B tömbben Jézus téged is tanítson; és adj hálát neki azért, mert megfizette annak az árát, hogy bűnbocsánatot és Istennel való megbékélést szerezzen neked. És mindenek felett kérd őt, hogy nyissa meg a szemed, hogy láthasd az ő dicsőségét.

Azért imádkozom, hogy mikor ezt teszed – akár az utcán sétálva, akár a szobádban térdelve –, megérezd, ahogy Jézus megérinti az életedet, és megmutatja neked a tanítványság kalandjának újabb lépését. Azért imádkozom, hogy irgalmát, hatalmát és szeretetét új fényben láthasd meg. Jézust fogod újra felfedezni így.

Amikor úgy imádkozunk, ahogy Bartimeus imádkozott, azt is átéljük, amit ő átélt.

Ötödik szakasz: Az ítélet (Márk 11,1-13,37)

A negyedik szakaszban Márk nem hagyott semmi kétséget afelől, hogy Jézus pontosan tudja, mi fog történni vele Jeruzsálemben (l. például a 10,32-34). Amikor megérkezik, nyilvánvalóvá válik, hogy a vallási vezetők továbbra is teljes erővel ellenállnak neki. Az ő elutasításuk indítja Jézust arra, hogy ő is elutasítsa őket, mint a nép vezetőit. Ez az ítélet az egyik fő témája az ötödik szakasznak.

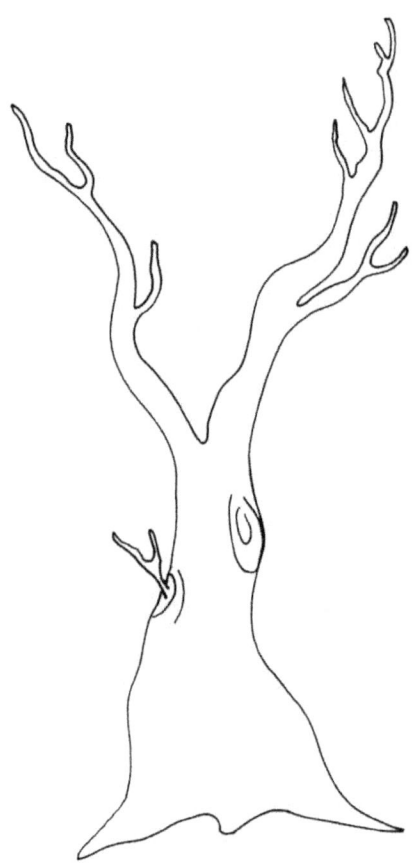

„Korán reggel, amikor elmentek a fügefa mellett, észrevették, hogy az gyökerestől kiszáradt." (Márk 11,20)

Ötödik szakasz: Az ítélet 65

Gyönyörködés a panorámában

A tömb (11,1-25)
Jézus bevonul Jeruzsálembe (1-11)
Jézus megátkozza a fügefát (12-14)
Jézus megtisztítja a templomot (15-19)
Jézus a fügefa példáján keresztül az imádságról tanít (20-25)

B tömb (11,27-12,44)
a   11,27-33   Jézus teljhatalmát megkérdőjelezik
b   12,1-12   A szőlőművesek példázata
c   12,13-17   Adófizetés a császárnak
d   12,18-27   Házasság a feltámadáskor
d' 12,28-34   A legnagyobb parancsolat
c' 12,35-37   Kérdés a Messiással kapcsolatban
b' 12,38-40   Óvás az írástudóktól
a' 12,41-44   A szegény özvegy adománya

C tömb (13,1-37)
A templom lerombolása és a korszak vége (1-37)

Márk teljesen egyértelművé teszi számunkra a B tömb kezdetét és végét. A 11,27-ben Jézus utoljára megy be a templomba, a 13,1-ben Jézus utoljára jön ki a templomból; és újra nyolc elemből áll ez a középső rész, melyek mind tükröződve kapcsolódnak egymáshoz (l. lent, *A tartalom kibontása*).

A B tömbnek az evangélium többi szakaszához hasonlóan itt is megvan a sajátos logikája. Az a, b, c és d eseményekben Jézus hallgatói negatívak és kritikusak: a vallási vezetők elszántak abban, hogy tőrbe csalják és tönkretegyék őt. De a 12. részben van egy fordulópont, a 28. vers. Onnantól kezdve, a d', c', b' és a' eseményekben a Márk által bemutatott hallgatók pozitívak és Jézus oldalán állnak.

Az ötödik részben kulcsszerepet játszik a templom. Az A tömbben Jézus bemegy a templomba, a B tömbben Jézus a templomban tanít, a C tömbben pedig a templomról tanít. Az A és C tömbben azonban van a templomon kívül valami más is, ami közös: a fügefa. Az A tömbben Jézus megátkozza a fügefát (11,14; 20-21); a C tömbben rövid példázatot mond a fügefáról (13,28). Márk nagy gondot fordított arra, hogy világosan és megjegyezhető módon szerkessze meg a szakaszt.

Van itt egy fontos Márk-szendvics is. Az A tömbben Jézus támadást intéz a templom megbecstelenítése ellen, amikor kiűzi onnan a pénzváltókat és kollégáikat. Ez a fügefa megátkozása és az elszáradt fügefa felfedezése (11,12-21) közé van beékelve.

Mielőtt részletesebben is megnézzük a szöveget, olvasd el magadban az egész ötödik szakaszt. Képzeld el a jelenetet, a cselekmény szálait, a benne megmutatkozó érzelmeket és feszültséget, és kérd az Urat, hogy tegye mindezt élővé a képzeleted számára.

A tartalom kibontása

A tömb (11,1-25)

Jézus bevonul Jeruzsálembe (11,1-11)

Márk elmondja, hogy Jézus szerzett egy szamárcsikót, hogy annak hátán vonuljon be Jeruzsálembe (1-7), de nem mondja el, hogy mi ennek a jelentősége. Ha a tömeg lelkesedése Jézus érkezésekor annak szól, hogy megértették, Jézus a Zakariás 9,9 próféciáját teljesíti be, furcsa, hogy Márk miért nem idézi a verset. A tömeg mindenesetre királyként üdvözli őt: „Sokan felsőruhájukat terítették az útra, mások a mezőn vágott lombos ágakat" (8).

A cél azonban nem Jeruzsálem, hanem konkrétan a templom (11). Ez a három esetből az első ebben a szakaszban, amikor Jézus Izráel imádati helyére jön (l. még a 15, 27). Ez alkalommal Jézus pusztán csak megszemléli azt, ami ott történik: „mikor pedig már mindent megnézett, és mivel már későre járt az idő, kiment Betániába a tizenkettővel" (11). Márk arra készít bennünket, ami ezután fog történni.

Jézus megátkozza a fügefát (11,12-14)

Az itt kezdődő Márk-szendvics összeköti a fügefát a templommal (12-21), hogy a figyelmes olvasó azt a következtetést vonja le, miszerint a fügefa Izráel képe; ezt a nézetet az Ószövetség is megerősíti (l. például a Jer 8,13). A fügefa megátkozása tehát az ítélet képies üzenete.

Nem jogos az az ellenvetés, hogy Jézus igazságtalanul átkozza meg a fügefát. Bár Márk elmondása szerint „nem volt fügeérés ideje" (13), Jézusnak minden oka megvolt arra, hogy ehető rügyekre számítson, hiszen a fügefa zöldelt. Gyümölcsöt keres tehát rajta, de egyet sem talál. Ez a szendvics következő részének értelme.

Jézus megtisztítja a templomot (11,15-19)

Ahogy a 11. versben Jézus gyümölcsöt keresve jön a templomba, most is azokat a tulajdonságokat keresi, melyeket Isten népétől el lehet várni. De egyet sem talál. Úgy sétál be, mintha a hely tulajdonosa lenne: felborítja a beren-

Ötödik szakasz: Az ítélet

dezést és kihajítja az ott eladókat és vásárlókat. Viselkedését pedig azzal magyarázza, hogy megvádolja őket: „az imádság házát" „rablók barlangjává" tették (17).

Az üzenet világos. Jézus a zsidó vallás központjába érkezik, ahol látnia kellene annak a jeleit, hogy ott Istent ismerik és imádják; sokkal jobban éhezik erre a lelki gyümölcsre, mint a 12. versben a korai fügére. De semmi ilyesmit nem lát – csak olyan embereket, akik a templomot az anyagi haszonszerzés céljából használják. Az a zsidó vallás, amit Jézus lát, csak levelekből áll, gyümölcsök nélkül. Nem csoda, hogy ítélnie kell.

„Meghallották ezt a főpapok és az írástudók" – mondja Márk – „és keresték a módját, hogyan veszítsék el." (18) Ez ugyanaz a döntés, amit a farizeusok és a Heródes-pártiak először a 3. rész 6. versében hoztak. Az ok azonban nem annyira az afelett érzett harag, amit Jézus a templomban tett, inkább az attól való félelem, amit népszerűsége a nép körében okozhat (18).

Márk tehát egyértelművé teszi, hogy a zsidó vezetők meghozták már döntésüket Jézussal kapcsolatban, és hogy ő is meghozta már döntését velük kapcsolatban. Az ítélet az A tömb egyik nagy témája.

Jézus a fügefa példáján keresztül az imádságról tanít (11,20-25)

Márk azzal fejezi be a szendvicset, hogy elmondja, a következő napon a tanítványok látták, hogy a fügefa „gyökerestől kiszáradt" (20). Péter fontosnak tartja, hogy erre Jézus figyelmét is felhívja! (21)

Jézus megragadja az alkalmat, hogy a tanítványokat az imádságról tanítsa, arról a gyümölcsről, ami a templomból hiányzott (17). A megválaszolt imádság első feltétele a hit (22-24); a második, hogy a tanítványok másokkal való kapcsolata megfelelő legyen (25). Bár Jézus az Atya megbocsátásáról beszél, érdemes felidézni, hogy Jézus konfliktusa a zsidó vezetőkkel akkor kezdődött az evangélium első szakaszában, amikor azt állította, hogy ő is képes megbocsátani bűnöket (l. 2,5.10).

Az A tömbben világosan kirajzolódnak a határvonalak. Jézus ítélettel jött, a zsidó vezetők pedig eldöntötték, hogy elteszik őt láb alól. A B tömbben ez közvetlen összecsapáshoz fog vezetni.

B tömb (11,27-12,44)

Négy esemény negatív hozzáállású hallgatókkal (11,27-12,27)

a – Jézus teljhatalmát megkérdőjelezik (11,27-33)

Ez az első esemény a templomban zajló nyolc esemény közül, mely a C tömbben kiváltja majd Jézus ítéletről szóló szavait, és ez az első, melyben a zsidó vezetők támadásba lendülnek: „Milyen hatalommal cselekszed ezeket, és ki adta neked a hatalmat arra, hogy ilyeneket tegyél?" (28) – kérdezik. Ez a két kérdés Jézus megdöbbentő templomi viselkedésére (15-17), vagy talán korábbi gyógyításaira és ördögűzéseire utalhat. De nem azon van a hangsúly, hogy mit tett Jézus, hanem azon, hogy milyen hatalommal tette, amit tett.

Jézus érdekes módon inkább megkerüli a kérdést. Vagy azért, mert tudja, hogy nem őszinte igazságkeresésből fakadt, vagy azért, mert felismeri, hogy az egyenes válasz adott esetben zavargásokat – vagy annál is rosszabat – idézhet elő. Az ő János keresztségének eredetéről szóló kérdése megbénítja ellenfeleit: „Azok pedig így tanakodtak maguk között: 'Ha azt mondjuk: a mennyből, azt fogja mondani: Akkor miért nem hittetek neki? Vagy talán mondjuk azt: emberektől?'" (31-32) A 32. vers végén Márk megmagyarázza, hogy mi volt a gondjuk: „De féltek a sokaságtól, mert Jánosról mindenki azt tartotta, hogy valóban próféta volt."

A hatalom témája tehát nem oldódott meg. Az első lövések viszont eldördültek már. Az is világossá vált, hogy a zsidó vezetők felfuvalkodottságukban ürügyet keresnek, hogy Jézussal leszámolhassanak.

b – A szőlőművesek példázata (12,1-12)

Márk azzal indítja ezt a bekezdést, hogy elmondja: „Jézus ekkor példázatokban kezdett szólni hozzájuk" (1). Azonban egyetlen egyet jegyez csak le, mely ezek szerint a legfontosabb lehetett. Nem nehéz belátni, miért.

Az A tömbben szereplő fügefához hasonlóan a szőlőskert is Izráel egy képe az Ószövetségben. Az 1. vers részletei tudatosan az Ézs 5,2-t juttatják eszünkbe: „Fölásta és megtisztította a kövektől, beültette nemes vesszővel. Közepére tornyot épített, sajtót is vágatott benne." Jézus hallgatói biztosan felismerték az utalást, és megértették azt is, hogy a szőlőművesek Izráel lelki vezetői, akik évszázadokon keresztül elutasították Isten prófétáit (2-7) és nem adták meg Istennek a neki járó gyümölcsöt.

Jézus most érkezik el a történet csúcspontjához: „Egy valakije volt még, a szeretett fia. Utoljára őt küldte el hozzájuk, mert így szólt: Fiamat meg fogják becsülni." (6) A fiú leírása az Atya Jézusról szóló szavait juttatja eszünkbe, amit keresztségekor (1,11) és megdicsőülésekor (9,7) mondott: „Fiam, akit szeretek". Mit érezhetett vajon Jézus, amikor azt mondta a bérlőkről: „Megragadták, megölték, és kidobták a szőlőn kívülre" (8)!

Azután, hogy a tulajdonos válaszul megölette a bérlőket, és másoknak adta a szőlőt, egy idézet következik a 118. zsoltárból (ahonnan a tömeg idézett már a 11,9-ben): „Az a kő, amelyet az építők megvetettek, az lett a sarokkő" (10). Az üzenet megint félreérthetetlen: Jézus, az Atya fia az a sarokkő, melyet Iz-

Ötödik szakasz: Az ítélet

ráel vezetői elvetnek, és akit meg fognak ölni; de Isten akarata szerint őt teszi majd megújult népének vezetőjévé.

Jézus ellenségei megint rosszban sántikálnak (12). Ő pedig minden eddiginél jobban provokálja őket.

c – Adófizetés a császárnak (12,13-17)

Ezúttal a farizeusok és a Heródes-pártiak próbálják csapdába csalni Jézust. A két csoport – az egyik vallási, a másik világi – végül egyesül, ahogy kezdetben is (l. 3,6), hogy közös ellenségüket elintézzék. Látványos hízelgés után egy kérdést tesznek fel neki: „Szabad-e adót fizetni a császárnak, vagy nem?" (14)

Jézus válasza általános csodálatot vált ki: „Adjátok meg a császárnak, ami a császáré, és az Istennek, ami az Istené." (17) Ezzel természetesen nem válaszolt meg minden az egyház és az állam kapcsolatát érintő kérdést. De Márk szerint a kérdés amúgy sem volt őszinte: „Ő pedig ismerve képmutatásukat, ezt mondta nekik: 'Mit kísértetek engem?'" (15; l. még a 13) A trükkös kérdés pusztán azt a célt szolgálta, hogy alkalmat találjanak a Jézussal való leszámoláshoz.

d – Házasság a feltámadáskor (12,18-27)

A szadduceusokat a kor liberális teológusaiként szokták jellemezni, akik elvetették például a halál utáni élet gondolatát (18). Vicces sztorijuk, mellyel a feltámadásról szóló tant akarják a gyakorlatban nevetségessé tenni (19-23), Jézusból inkább kemény feddést vált ki: „Vajon nem azért tévelyegtek-e, mert nem ismeritek az Írásokat, sem az Isten hatalmát?" (24)

Mivel a szadduceusok csak Mózes öt könyvének tekintélyét fogadták el, Jézus a továbbiakban Mózes második könyvéből bizonyítja nekik a halál utáni élet valóságát (26-27; 2 Móz 3,6).

A Jézus ellenfelei által felvetett téma most sem a valódi téma. Márk elsődleges célja nem az, hogy a feltámadásról tanítson bennünket, hanem hogy megmutassa, Jézus azzal tudja vádolni az első századi júdaizmus egy befolyásos csoportját, hogy nem ismerik az Írásokat.

A összes szereplő, akikre Márk az a, b, c, és d eseményekben utalt – a főpapok, az írástudók és a vének (11,27), a farizeusok és Heródes-pártiak (12,13) valamint a szadduceusok (12,18) – készen állnak a támadásra, és eltökéltek abban, hogy végleg leszámoljanak Jézussal. Nem kizárt, hogy a B tömb második felében ők is a közelben állnak, de ott Márk már csak olyan hallgatókról ír, akik pozitív lelkülettel vannak jelen (12,28.37.43).

Négy esemény pozitív hozzáállású hallgatókkal (12,28-44)

d' – A legnagyobb parancsolat (12,28-34)

Ez a bekezdés olyan zsidót mutat be nekünk, aki más mint a többiek. Lenyűgözi Jézus debattőri képessége, ezért megkérdezi: „Melyik a legfőbb az összes parancsolat közül?" (28) Válaszában Jézus az 5 Mózes 6,4-5-öt idézi az Isten iránti szeretettel kapcsolatban, és a 3 Mózes 19,18-at a felebarát szeretetével kapcsolatban (29-31).

A törvénytanító mindenben egyetért vele, a válaszát érdemes teljes egészében idézni: „Jól van, Mester, helyesen mondtad, hogy egy Isten van, és rajta kívül nincsen más; és ha szeretjük őt teljes szívünkből, teljes elménkből és teljes erőnkből, és ha szeretjük felebarátunkat, mint magunkat, sokkal több az minden égő és véres áldozatnál." (32-33)

Jézust is lenyűgözi az ő válasza: „Nem vagy messze az Isten országától." (34) Miért mondja ezt? Bizonyára azért, mert a törvénytanító tisztában van a levél és a gyümölcs, a vallásos cselekedetek (legyenek mégoly fontosak is) és az Istennel és emberekkel való helyes kapcsolat közötti különbséggel.

A párhuzamos szerkesztéssel Márk szembeállítja a törvénytanítót a d' eseményben a szadduceusokkal a d eseményben. Ők nem ismerik az Írásokat (24), a törvénytanító azonban igen: a 32. és 33. versben olvasható válasza nem csak a Jézus által idézett mózesi szakasz ismeretéről, de az 1 Sámuel 15,22, a Hóseás 6,6 és a Mikeás 6,6-8 ismeretéről is tanúskodik. Ismeri a zsidó Szentírást – és hisz is benne. Nem csoda, hogy Márk azt írja: „És többé senki sem merte őt megkérdezni." (34)

c' – Kérdés a Messiással kapcsolatban (12,35-37)

A B tömb párhuzamos szerkezete összeköti ezt az eseményt a c eseménnyel (l. 12,13-17). Ott Jézustól olyat kérdeznek, melyet elvileg nem lehet megválaszolni (bár Jézusnak ez sikerült!); itt pedig Jézus az, aki egy megválaszolhatatlan kérdést tesz fel. Ha a törvénytanítók Dávid Fiának nevezik a Messiást, akkor a Zsoltárok 110,1-ben miért utal Dávid a Messiásra úgy, mint az ő Urára?

A válasz természetesen az, hogy a Messiás egyszemélyben Dávid emberi leszármazottja és Isten Fia. De Márk hagyja, hogy erre mi magunk jöjjünk rá. Pusztán annyit tesz hozzá, hogy „A nagy sokaság szívesen hallgatta őt." (37)

b' – Óvás az írástudóktól (12,38-40)

Márk újra felhívja a figyelmünket arra, hogy nem jegyzi le Jézus összes tanítását: „Tanítás közben így szólt Jézus..." (38). Érdekes módon hasonló jel-

Ötödik szakasz: Az ítélet 71

zéssel találkozunk a párhuzamos szerkesztés miatt ehhez kapcsolódó b esemény elején is (l. 12,1). A két esemény között azonban jóval több a kapcsolat.

A 38-40. versekben Jézus büszkeségük (38-39), kapzsiságuk (40a) és képmutatásuk (40b) miatt kritizálja a törvénytanítókat. Másszóval, hosszú imádságaik gyümölcs nélküli levelek. Jézus ítélete kijózanító: „ezekre vár a legsúlyosabb ítélet" (40c).

Nyilvánvaló a kapcsolat a b esemény 12,9 versével: „Mit tesz hát majd a szőlő ura? Eljön, és elveszíti a munkásokat, azután másoknak adja a szőlőt." Ez minden bizonnyal az a súlyos ítélet, mely Izráel vezetőire vár, akik nem adták meg az Istennek járó gyümölcsöt.

a' – A szegény özvegy adománya (12,41-44)

Jézus a gazdagok zsugoriságával állítja szembe az özvegyasszony nagylelkűségét: „Bizony, mondom néktek, hogy ez a szegény özvegyasszony mindenkinél többet dobott a perselybe. Mert mindannyian fölöslegükből dobtak, ő azonban szegénységéből mindazt beledobta, amije csak volt, az egész vagyonát." (43-44)

Van azonban egy másik szembeállítás is, ha összehasonlítjuk az a és a' eseményeket. A 11,27-33-ban Jézus nem hajlandó válaszolni a „főpapok, az írástudók és a vének" (11,27) kérdésére. Itt viszont, a 12,41-44-ben, Jézus megdicsér egy magányos özvegyasszonyt. Ők mindössze két kérdést tudtak felajánlani, hogy azokkal tönkretegyék Jézust; az özvegyasszony viszont két pénzérmét ajánlott fel, hogy azokkal dicsőséget adjon Istennek.

Márk B tömbje az ötödik szakaszban megsemmisítő kritikát ad Izráel lelki vezetőinek többségéről. Nem sikerült Jézust megfogniuk, de törekvésük, hogy véget vessenek az életének, és makacs ellenkezésük, hogy megadják Istennek a neki járó gyümölcsöt, annak biztos jele, hogy Isten ítélete el fog jönni. Ez lesz a C tömb fő témája.

C tömb (13,1-37)

A templom lerombolása és a korszak vége (13,1-37)

Az 1. versben Márk arról számol be, hogy Jézus elhagyja a templomot. Bár ez egy fizikai esemény leírása, bizonyos, hogy több annál: az Izráel vezetőivel való konfliktus azt jelenti, hogy Jézus soha nem tér vissza a templomba, sőt valójában annak lerombolását jövendöli meg a 2. versben.

Péter, Jakab és János kérdése a 4. versben kulcsfontosságú: „Mondd meg nekünk, mikor lesz ez, és mi lesz annak a jele, amikor mindez beteljesedik?" A C tömb hátralévő részében Jézus erre a kérdésre ad választ.

Márk evangéliumának ezt a részét a legnehezebb értelmezni; azoknak, akik részletesen szeretnék tanulmányozni, a bibliakommentárokat ajánlom. Két dolog azonban világos: Jézus megjövendöli mind a jeruzsálemi templom lerombolását (mely Kr. u. 70-ben meg is történt) mind saját dicsőséges visszatérését a világba az idők végén. A nehézséget az okozza, hogy nem mindig világos, a fejezet adott pontjain Jézus éppen melyikre utal. Olyan, mintha Jézus egy távcsövön keresztül nézné Isten ítéletét a történelemben, de a legkisebb csuklómozdulat azt eredményezné, hogy már nem is a templom lerombolásának, hanem saját visszajövetelének kontextusában látja azt.

Ahogy említettük, az **1-4. versek** a bevezetés: Jézus meghökkentő jövendölése a Kr. u. 70-ben bekövetkező eseményekről, majd a tanítványok bizalmas kérdése, hogy mikor fognak ezek megtörténni.

Az **5-13. versek** elsősorban (de nem kizárólag) azokra a gondokra irányítják a figyelmet, melyek a templom lerombolásához vezetnek. Lesznek hamis próféták (5-6), akik magukat Messiásnak tartják, vagy azt állítják, hogy messiási hatalommal tanítanak; lesz szenvedés (7-8), miközben háborúk és természeti katasztrófák alapvető éberséget követelnek; és lesz üldöztetés (9-13), mivel a pogányok és a zsidók támadni fogják Jézus tanítványait (9), és családok fognak kettészakadni a Jézushoz való eltérő viszonyulásuk miatt (12).

A **14-23. versek** a válság pillanatát írják le. A „pusztító utálatosság" (14) kifejezés az Ószövetségből, Dániel prófétától származik (l. például a 9,27; 11,31; 12,11). Amikor a Kr. u. 70-hez vezető években zsidók százait ölték meg a templomban, a keresztények ezt a Márk 13,14 beteljesedésének látták. Lehetséges azonban egy későbbi beteljesedésre is gondolni, az Antikrisztus megjelenésére, akinek eljövetelét Pál a 2 Thesszalonika 2,3-4-ben jövendölte meg. Talán úgy kell olvasnunk a 14-23. verseket, mintha annak a bizonyos távcsőnek a fókusza folyamatosan ide-oda mozgott volna.

A **24-27. versek** ugyanakkor biztosan Jézus visszajövetelére fókuszálnak. A világ végét (24-25) és a Király érkezését írják le: „És akkor meglátják az Emberfiát eljönni a felhőkön, nagy hatalommal és dicsőséggel" (26). Jézus megragadja az alkalmat, hogy azt is hangsúlyozza: Isten gyermekei biztonságban lesznek (27).

A **28-31. versek** a távcső fókuszát a Kr. u. 70. év eseményeire állítják. A fügefa a 28. versben nem Izráel életre kelésére utal; inkább csak egy példázat, mely az éberségre bátorít (és emellett a memorizálást is segítő jel, mely öszszeköti az A tömböt a C tömbbel). Ha ez az értelmezés helytálló, Jézus azt tanítja, hogy a templom lerombolása hamarosan be fog következni: „Bizony, mondom néktek, hogy nem múlik el ez a nemzedék, amíg mindez végbe nem megy." (30)[1] És bár néha nem vagyunk biztosak abban, hogy Jézus mire gondol, a tekintélye nem kétséges: „Az ég és a föld elmúlik, de az én beszédeim nem múlnak el." (31)

Végül, **a 32-37. versek** Jézus tanításának a befejezése. A bekezdés néhány részlete mintha a templom lerombolása előtt élő tanítványoknak lenne tanács, de a középpontban kétségkívül Jézus eljövetele van. Közvetlenül azután, hogy saját tekintélyét hangsúlyozza (31), azt tanítja, hogy még ő sem tudja az emberi történelem utolsó nagy eseményének időzítését: „Azt a napot viszont, vagy azt az órát senki sem tudja, sem az angyalok az égben, sem a Fiú, hanem csak az Atya." (32)

Ennek fényében a keresztény tanítványoknak nagyon óvakodniuk kell attól, hogy dogmatikusak legyenek a részletekkel és Jézus második eljövetele időpontjával kapcsolatban. A C tömbnek nem az a célja, hogy vad spekulációknak adjon táptalajt, hanem az, hogy vigyázásra bátorítson (5, 9, 23, 33, 36 és 37).

Az ötödik szakasz tehát egy példázattal végződik, mely arra bátorít, hogy tanítványokként maradjunk éberek (34-36). Ugyanúgy, ahogy a tömegek üdvözölték Jézust a szakasz elején, nekünk is készen kell várnunk őt, hogy köszönthessük, amikor eljön a vég. A C tömb üzenetét ezért az utolsó szava foglalja össze, amint Jézus hozzánk szól: „Vigyázzatok!" (37)

Az evangélium első szakaszában tanúi lehettünk annak, ahogy összecsapott egymással az üres vallásosság régi tömlője és az új bor, amit Jézus hozott. Ott, a B tömb második felében a zsidó vezetők vádolták őt (1. 2,7.16.18.24); itt, az ötödik szakaszban Jézus vádolja őket. Legfőbb panasza a gyümölcstelenségük (11,12-13.15-17; 12,2.15.24.38-40): nem úgy élnek, ahogy Isten népének élnie kellene. A 12,1-8 példázatában ezért Jézus maga válaszolja meg saját kérdését: „Mit tesz hát majd a szőlő ura? Eljön, és elveszíti a munkásokat, azután másoknak adja a szőlőt." (9)

Ez nem azt jelenti, hogy Isten már nem szereti a zsidókat; éppen ellenkezőleg, az Újszövetség egyértelművé teszi, hogy Istennek terve van ősi népével, mely a jövőben áldást hoz rájuk (1. Róm 11,25-36).

Láttuk viszont korábban, hogy Jézus Isten új népét hozta létre (1. az 1,13.14-20 és 3,13-14.31-35-höz fűzött kommentárokat). Ez az Egyház, mely minden népből – legyenek zsidók vagy pogányok – olyan emberekből tevődik össze,

---

[1] Az „ezek" kifejezés a C tömbben úgy tűnik, a templom lerombolására vonatkozik, míg az „azok" kifejezés Krisztus visszatérésére. A részletekkel kapcsolatban a kommentárokat ajánlom.

akik betöltötték az Isten országával kapcsolatos feltételeket, a bűnbánatot és a hitet (l. 1,15).

Ez a tény azonban nem teheti a keresztényeket magabiztosakká. Ugyanúgy, ahogy első eljövetelekor Jézus gyümölcsöt keresve jött Izráelhez (l. 11,13; 12,1-8), második eljövetelekor az új Izráelhez, az Egyházhoz fog eljönni (l. 13,34-35).

Jézusnak joga van ahhoz, hogy gyümölcsöt lásson azoknak az életében, akik őt követik.

Az evangélium megtanulása

Az ötödik szakasz nem a legkönnyebben megjegyezhető szakasz, de ha megtanultad már az evangélium első négy szakaszát, ez sem jelenthet igazi gondot. Mint mindig, most is a B tömbbel kezdd. Emlékezz arra, hogy az a, b, c és d eseményekben Jézus negatív hozzáállású hallgatókkal találkozik, míg a tömb második felében a Márk által bemutatott hallgatók hozzáállása pozitív. Miközben végigpörgeted a tömböt a fejedben, pótold a részleteket is, és így egyre tisztábban fogod látni az események sorrendjét.

Az A tömb hosszúnak tűnik, de a Jézus Jeruzsálembe érkezése utáni szendvics könnyűvé teszi a megtanulását. Amikor a C tömbhöz érkezel, ne próbáld azt részleteiben megtanulni. Ha egyszerűen csak a címét jegyzed meg: „A templom lerombolása és a korszak vége", képes leszel arra is, hogy néhány részlettel kiegészítsd ezt a két témát.

Ha emlékezetedben tartod, hogy az ötödik szakasz címe „Az ítélet", vissza fogsz emlékezni arra is, hogy ebben a szakaszban Izráel vezetői elutasítják Jézust, és ő is elutasítja őket. Ezek súlyos témák, de Márk azt akarja, hogy gondoljuk őket végig.

Ötödik szakasz: Az ítélet 75

Az ítélet

| A | Jézus bevonul Jeruzsálembe
Jézus megátkozza a fügefát
Jézus megtisztítja a templomot
Jézus a fügefa példáján keresztül az imádságról tanít | 3 |

| B | a Jézus teljhatalmát megkérdőjelezik
b A szőlőművesek példázata
c Adófizetés a császárnak
d Házasság a feltámadáskor | 1 |

| | d' A legnagyobb parancsolat
c' Kérdés a Messiással kapcsolatban
b' Óvás az írástudóktól
a' A szegény özvegy adománya | 2 |

| C | A templom lerombolása és a korszak vége | 4 |

A+C:	fügefa (11,13 / 13,28)
B logikája:	a, b, c, d: négy találkozás negatív hozzáállású hallgatókkal d', c', b', a': négy találkozás pozitív hozzáállású hallgatókkal

Az Úrral való találkozás

Remélem, szánsz időt arra, hogy átbeszéld az Úrral ezt a szakaszt. Ő mindegyik résszel kapcsolatban szeretné hallani a gondolataidat és kérdéseidet. Fuss végig a szakaszon úgy, hogy próbáld elképzelni Jézus érzéseit a cselekmények kibontakozása közben; a következő alkalommal pedig állj meg mindegyik bekezdésnél, és imádd őt. És imádkozz azért, hogy Jézus ismeretének gyümölcse legyen egyre inkább látható az életedben.

Azért imádkozom, hogy miközben időt töltesz Jézussal az ötödik szakaszban, újra fedezd fel őt. Ő vár rád, hogy találkozzatok.

Hatodik szakasz: A szeretet (Márk 14,1-16,8)

Az egész evangélium e szakasz felé vezetett; itt fogjuk átélni Márk történetének csúcspontját. A hatodik szakaszban árulással, gyűlölettel, félelemmel és kétségbeeséssel fogunk találkozni, de legfőképp szeretettel. Látni fogjuk a kereszten Jézus szeretetének mélységét, az üres sírnál pedig annak győzelmét. Ez szent hely, ahol meg kell állnunk.

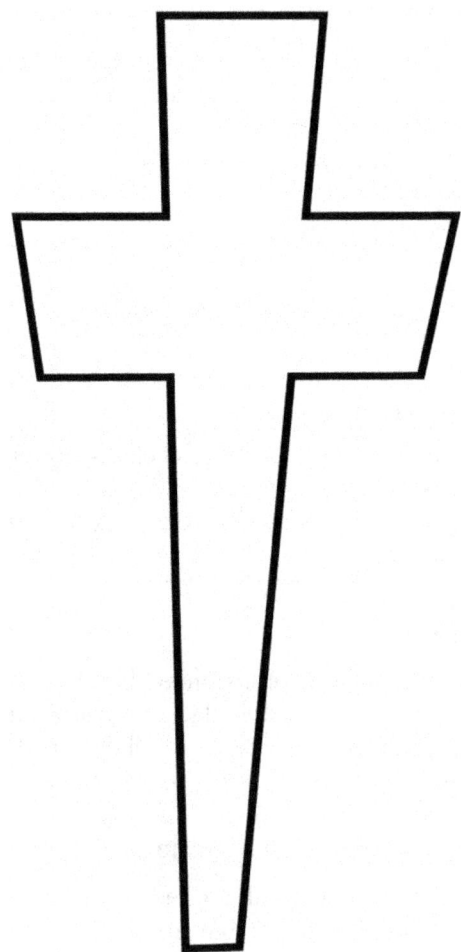

„Ekkor keresztre feszítették." (Márk 15,24a)

Gyönyörködés a panorámában

A tömb (14,1-11)
Cselt szőnek Jézus ellen (1-2)
Megkenetés Betániában (3-9)
Cselt szőnek Jézus ellen (10-11)

B tömb (14,12-15,39)
a	14,12-26	Az utolsó vacsora
b	14,27-31	Jézus megjelenti Péter tagadását
c	14,32-42	Gecsemáné
d	14,43-52	Jézus elfogatása
d'	14,53-65	Jézus a Nagytanács előtt
c'	14,66-72	Péter megtagadja Jézust
b'	15,1-15	Jézus Pilátus előtt
a'	15,16-39	A keresztrefeszítés

C tömb (15,40-16,8)
Az asszonyok a kereszt alatt (15,40-41)
Jézus temetése (15,42-47)
A feltámadás (16,1-8)

Két Márk-szendvics van a hatodik szakaszban. Az A tömbben a Betániában való megkenetés beékelődik Jézus ellenségeinek tervei közé, hogy megöljék őt, tehát kirajzolódik egy gyűlölet-szeretet-gyűlölet minta. A C tömbben Jézus temetéséről tanítványainak számító asszonyok említése között esik szó (l. 15,40-41.47). A hatodik szakasz is, a többihez hasonlóan, nagyon gondosan lett megszerkesztve.

Az A tömb és a C tömb közös témája a megkenetés. Az A tömbben Jézust egy asszony keni meg Betániában, és Jézus elmagyarázza ennek jelentőségét: „előre megkente a testemet a temetésre" (14,8). A C tömbben pedig Márk azt mondja el, hogy mi történt vasárnap kora reggel: „Amikor elmúlt a szombat, a magdalai Mária és Mária, a Jakab anyja, valamint Salómé illatos keneteket vásároltak, hogy elmenjenek, és megkenjék Jézus testét." (16,1) Az A és C tömbök tehát két megkenetésről számolnak be, amelyek közül a második nem történik meg. A feltámadás szükségtelenné teszi.

A B tömb eseményei párosával vannak csoportosítva. Az utolsó vacsora után Jézus megjövendöli, hogy Péter megtagadja őt (a és b esemény); Jézus a Gecsemáné kertben imádkozik, és ott letartóztatják őt (c és d esemény); miközben a főpap kihallgatja Jézust, Péter az alsó udvarban megtagadja mesterét (d' és c' esemény); Jézus tárgyalása a római kormányzó jelenlétében pedig római katonák általi kivégzéséhez vezet (b' és a' esemény).

Kérlek, szánj időt arra, hogy együltőben elolvasd a hatodik szakaszt. Az A tömbben egy névtelen asszony Jézus iránti szeretetét látod; a C tömbben József szeretetét látod Jézus iránt; a B tömbben pedig láthatod Jézus irántad való szeretetét. Próbáld elképzelni a jelenetet, és beleélni magad azok helyébe, akiknek közük van Jézushoz. Lehet, hogy abba kell majd hagynod az olvasást, hogy imádd őt.

A tartalom kibontása

A tömb (14,1-11)

Cselt szőnek Jézus ellen (14,1-2)

Ez egy Márk-szendvics kezdete (1-11), mely szembeállítja a zsidó vezetők gyűlöletét (1-2.10-11) egyetlen asszony szeretetével (3-9). Bár a legtöbb ember azért volt Jeruzsálemben, hogy megünnepelje a páskát, és megköszönje Istennek, hogy megszabadította Izráelt az egyiptomi rabságból, „a főpapok és az írástudók keresték a módját, hogyan fogják el, és öljék meg őt csellel" (1).

Megkenetés Betániában (14,3-9)

Az itt szereplő asszony majdnem biztosan Mária (vö. János 12,1-11), de Márk úgy dönt, hogy nem írja le a nevét. Azt akarja, hogy ne a személyére, hanem a szeretetére összpontosítsunk.

Az az illatszer, amit Jézusra önt, „rendkívül drága" (3) és „el lehetett volna... adni több, mint háromszáz dénárért" (5). Ez a pazarlás méltatlankodó bírálatot vált ki néhány jelenlévőből. Márk azt írja: „És megharagudtak az asszonyra" (5).

Jézus azonban rögtön a védelmére kel. Gyönyörűnek (6) és helyesnek írja le a tettét: „mert a szegények mindig veletek vannak, és amikor csak akartok, jót tehettek velük, én azonban nem leszek mindig veletek" (7). Jézus nem azt mondja, hogy a szegények nem fontosak, hanem azt, hogy ebben a pillanatban a megkenetése volt a helyes lépés. Sőt, a prófétai lépés (8). Általában akkor kenik meg a testet, amikor annak tulajdonosa már meghalt! Ez az asszony azonban valahogy megérezte, hogy Jézus hamarosan meg fog halni, és ez indította őt a szeretetnek e prófétai cselekedetére.

A 9. versben Jézus hozzáteszi még, hogy ez a megkenetés emlékezetes marad: „Bizony, mondom néktek, hogy az egész világon bárhol hirdetik majd az evangéliumot; amit ez az asszony tett, azt is elmondják majd az ő emlékezetére." Jézus egyértelműen arra számít, hogy a róla szóló örömhírről az egész világon beszélni fognak, de annyira lenyűgözi ennek az asszonynak a cselekedete, hogy megígéri neki, pazarló szeretete soha nem merül majd feledésbe. Ez majdnem olyan, mintha Jézus arra vállalt volna garanciát, hogy a történet bekerül az Újszövetségbe!

Nem nehéz belátni, hogy a szeretetnek ez a túlzása miért olyan fontos Jézusnak. Ő azért jött Jeruzsálembe, hogy véghezvigye a szeretet legszertelenebb cselekedetét, amit a világ valaha megláthat: a mi bűneinkért fog meghalni a kereszten. És most, hogy a vezetők gyűlölete, és barátai értetlensége veszi körül, minden bizonnyal rengeteget jelent neki az asszony szeretete.

Cselt szőnek Jézus ellen (14,10-11)

Az, ahogy Jézus a megkenetésre reagált, úgy tűnik, Júdás számára az utolsó csepp volt a pohárban, ezért olyan ajánlattal megy a főpapokhoz, amit ők nem tudnak visszautasítani (10). Az A tömb elején és végén lévő gyűlölet és a közötte lévő szeretet kontrasztja nem is lehetne nagyobb. A színpad felállt a B tömb eseményei számára.

B tömb (14,12-15,39)

a – Az utolsó vacsora (14,12-26)

Márk párhuzamai a B tömbben összekötik ezt az eseményt a keresztrefeszítéssel, és a kapcsolatot nem is nehéz felfedezni. Az a esemény magyarázza az a' eseményt. Az utolsó vacsora eseményei adnak magyarázatot Jézus halálára.

Jézus láthatólag nagyon fontosnak tartja ezt az utolsó étkezést tanítványaival: nagy gondot fordít arra, hogy a szükséges gyakorlati előkészületeket megtegye (13-16). Ez azért van, hogy a tanítványok megtudják, Izráel vezetői hogyan akarják megölni őt – csoportjuk egyik tagja fogja elárulni (18-21). De még fontosabb az, hogy a minden páskavacsora részét képező kenyér és bor segítségével Jézus elmagyarázza halála értelmét.

Miközben a tanítványok a bort isszák, Jézus azt mondja: „Ez az én vérem, a szövetség vére, amely sokakért kiontatik." (24) A „sokakért" szó arra emlékeztet bennünket, amit Jézus a negyedik szakasz végén mondott, miszerint ő azért jött, hogy „életét adja váltságul sokakért" (10,45).

A szövetség említése azonban még sokkal régebbre visz bennünket vissza, Isten azon ószövetségi ígéretéhez, hogy egy nap új szövetséget fog kötni, melyben az emberek bűnbocsánatot és Istennel új kapcsolatot nyernek (l. Jer 31,31-34) a Szentlélek jelenléte által (l. Ez 36,26-27). Keresztelő János utalt már erre, amikor Jézusról prédikált (l. 1,8), Jézus pedig most arra mutat rá, hogy halála teszi majd lehetségessé ezt az új szövetséget. Azért fog meghalni, hogy mi megismerhessük Istent.

A 25. versben Jézus az egyszer megvalósuló messiási lakomára utal a mennyben (l. 6,34-44), melyet szintén halála tesz lehetővé. De nem Jézus az egyetlen, aki az utolsó vacsorán a kereszt értelmét magyarázza. Márk is magyarázatot fűz hozzá azzal, ahogy bevezeti. Azt mondja, hogy ez akkor történt, „amikor a húsvéti bárányt szokták áldozni" (12). Jézus halála áldozat lesz. Márk megértette ezt, és azt szeretné, ha mi is megértenénk.

b – Jézus megjelenti Péter tagadását (14,27-31)

Jézus először azt jelenti meg, hogy az összes tanítvány el fogja őt hagyni, és ezt bizonyítandó az Ószövetségből idéz: „Megverem a pásztort, és elszélednek a juhok." (27) A Zakariás 13,7-ből vett idézetben az az érdekes, hogy ott maga Isten beszél: Jézus halála tehát nem csak a zsidók vagy a rómaiak tettének következménye, hanem Isten cselekedete (vö. Ézsaiás 53,10).

A szétszéledés nem tart örökké, a 28. vers utalása a feltámadásra világossá teszi ezt. De a jellemzően magabiztos Péter most is meg van győződve arról, hogy soha nem tagadja meg Jézust, mégha ezt másokkal kapcsolatban elképzelhetőnek tartja is (29). Ez szinte ugyanaz, mintha azt mondaná: „Én vagyok a legnagyobb" (l. 9,33-37). Amikor Jézus azt jósolja, hogy Péter háromszor meg fogja őt tagadni (30), Péter ellentmond Urának, ahogy korábban is tette: „Ő azonban annál inkább mondta: 'Ha meg kell is halnom veled, akkor sem tagadlak meg.'" (31, vö. 8,32) Márk ehhez hozzáfűzi: „Ugyanígy beszéltek a többiek is." (31b)

c – Gecsemáné (14,32-42)

Márk azt akarja, hogy vegyük észre Jézus szorongását, ahogy a keresztre gondol: „rettegni és gyötrődni kezdett" (33). Nem tart attól, hogy ezt elmondja Péternek, Jakabnak és Jánosnak, legközelebbi barátainak is: „Szomorú az én lelkem mindhalálig: maradjatok itt, és virrasszatok." (34) Ők ennek ellenére háromszor is elalszanak (37, 40, 41). Jézus tehát figyelmezteti őket: „Virrasszatok és imádkozzatok, hogy kísértésbe ne essetek" (38). Egyikük sem ügyel a figyelmeztetésre.

Márk Jézus imádságát hangsúlyozza itt: „Abbá, Atyám! Minden lehetséges neked: vedd el tőlem ezt a poharat; mindazáltal ne úgy legyen, ahogy én akarom, hanem amint te." (36) Jézus az „apa" legbensőségesebb arám szavát használja itt, és azt kéri, hogy ne kelljen a keresztre mennie. Nem a testi fájdalom miatt, hanem a lelki ár miatt: mint páskabárány (l. 12) Jézus magára fogja venni azt az isteni ítéletet, amit mások érdemelnek. A válasz háromszor is nemleges; nincs más út a bűnösöknek az üdvösségre. A fejezet végén tehát Jézus kész találkozni árulójával (41-42). Döntött.

d – Jézus elfogatása (14,43-52)

Márk Jézus magányosságát akarja hangsúlyozni. Júdás „egy a tizenkettő közül" (43), és felfegyverzett sokaság élén áruló csókkal érkezik (45). Mikor Jézust letartóztatják, egyik tanítványa erőszakhoz folyamodik, hogy így szökést eszközöljön (45, vö. Jn 18,10). De Jézus tudja, hogy az „Írásoknak... be kell teljesedniük" (49).

És ez az a pillanat, amikor Jézus imádság közben érzett magánya még sokkal intenzívebbé válik. Márk csak ennyit mond: „Ekkor mindnyájan elhagyták őt és elfutottak." (50) Ők nem az ellenségei, hanem legjobb barátai voltak.

Csak Márk tesz említést egy másik fiatalemberről, aki szintén elfutott (51-52). Lehetséges, hogy maga Márk volt, aki a sötétben a tömeg zaját hallva korábban besompolygott a kertbe. Nem tudjuk, de ha tényleg ő volt az, akkor nem ez volt az utolsó alkalom, hogy megfutamodott (vö. ApCsel 13,13). Akár így volt, akár nem, Jézus most már teljesen magára maradt.

d' – Jézus a Nagytanács előtt (14,53-65)

Van egy további szendvics, mely itt az 53. verssel kezdődik, és a 72. verssel ér véget. Azzal, hogy Márk Jézus kihallgatásának elbeszélése előtt megemlíti Pétert, világossá teszi, hogy a d' és a c' események egyidőben történnek: miközben Jézust az ellenségei kihallgatják, barátja letagadja, hogy ismeri őt.

A párhuzamos szerkesztés segítségével Márk felhívja a figyelmünket arra a kontrasztra, amely itt a d' eseményben Jézus bátorsága és az előző d eseményben a tanítványok gyávasága között látható. Nem maradhat kétségünk Jézus ártatlansága felől, hiszen még a becstelen tanúk is ellentmondanak egymásnak (55-59); az ellene szóló bizonyítékok nem állnak meg.

Amikor a főpap elkezdi kihallgatni őt, Jézus nem védi magát, hanem hallgatásba burkolózik (60-61a). De amikor konkrétan a kilétét firtató kérdés hangzik el, nem maradhat tovább csendben (61b-62). Lenyűgöző itt Jézus bátorsága: tudnia kell, hogy az az állítása, hogy ő a Messiás és az Isten Fia, csakis elítéléséhez vezethet. Atyja iránti szeretete és a bűnösök iránti szeretete eltökéltté teszi, hogy vállalja a keresztet.

c' – Péter megtagadja Jézust (14,66-72)

Márk összekapcsolja ezt az eseményt a Gecsemáné kertjében történtekkel a c epizódban. Ott Jézus háromszor imádkozott; itt Péter háromszor tagadja őt meg. De van egy másik kapcsolat is. A Gecsemáné kertben Jézus minden tanítványát figyelmeztette: „Virrasszatok és imádkozzatok, hogy kísértésbe ne essetek" (38).

Márk most arra mutat rá, hogy Péter nem fogadta meg a figyelmeztetést. Miközben Jézus egyedül állt a Nagytanács előtt, ő kint ült az udvarban (54, 67). Az az állítása, hogy nincs kapcsolata Jézussal, annak a bizonyítéka, hogy nem virrasztott és imádkozott. Péter tagadása tehát nem csak a 30., de a 38. verset is beteljesíti. Márk bizonyára ezt a kapcsolatot szeretné láttatni velünk, hogy megtegyük a szükséges lépéseket annak érdekében, hogy máshogy viselkedjünk a kísértés idején, mint Péter.

b' – Jézus Pilátus előtt (15,1-15)

A zsidó nagytanács kora reggeli gyűlésére (1) azért van szükség, mert a zsidók törvénye nem engedélyezte az éjszakai gyűlést. Pilátus előtt Jézus megint nem védi meg magát (4-5), de kilétével kapcsolatban újra megnyílik (2).

Márk elmondja, hogy Pilátus átlátott a főpapok szitáján: felajánlja, hogy elengedi Jézust, „mert tudta, hogy irigységből szolgáltatták ki Jézust a főpapok" (10). A tömeg nyomása azonban rövidéletűvé teszi Pilátus jóra irányuló kísérletét: „Pilátus eleget akart tenni a sokaság kívánságának, és szabadon bocsátotta nekik Barabbást; Jézust pedig miután megostoroztatta, kiszolgáltatta, hogy megfeszítsék." (15)

A b esemény párhuzamos szerkezete újra Jézus magányosságára mutat rá. Jézus megjósolta, hogy a tanítványai el fogják hagyni (l. 14,27-31); most pedig az a tömeg, melyből virágvasárnapkor sokan látványosan köszöntötték őt (l. 11,1-11), „Feszítsd meg!"-et kiált (13-14).

Márk egy másfajta leckét is akar tanítani nekünk itt. Azt már nyilvánvalóvá tette, hogy Jézus ártatlan, és ezzel az ítélettel Pilátus is egyetért (14a). De Márk nagy hangsúlyt fektet arra, hogy Barabbás, akit Pilátus Jézus helyett szabadon engedett, valóban bűnös: „Barabbás is fogságban volt azokkal a lázadókkal együtt, akik a lázadás idején gyilkosságot követtek el." (7) Másszóval: egy ártatlan ember elítélése egy bűnös felmentését jelenti. Számunkra ez a kereszt örömhíre.

a' – A keresztrefeszítés (15,16-39)

A B tömbnek ez az utolsó része az a csúcspont, ahova Márk az evangélium első szakasza óta el akar bennünket vezetni (l. 2,20; 3,6). A negyedik szakaszban Jézus megjelentette saját halálát (l. 8,31; 9,31; 10,33-34); de az utolsó vacsoráig a hatodik szakaszban (14,12-26, de l. 10,45) kevés magyarázat hangzott el. Itt az a és a' események közötti párhuzam tanítja nekünk a keresztrefeszítés értelmét.

Márk hangsúlyozza Jézus szenvedésének mélységét. A katonák keze általi megveretés a 16-20. versekben és az azt megelőző korbácsolás (15) fizikailag képtelenné teszi őt arra, hogy vigye a maga keresztjét (21). Amikor Márk

Hatodik szakasz: A szeretet 83

azt írja, hogy „Elvitték őt a Golgota nevű helyre" (22), olyan szót használ, ami valós fizikai cselekedetre utal: majdhogynem vonszolniuk kell őt; nem azért, mert nem akar menni, hanem mert nincs több ereje. A 23. versben visszautasítja a fájdalomcsillapítást – Jézus eltökélte magában, hogy semmit nem tesz annak érdekében, hogy az értünk vállalt szenvedése kisebb legyen.

„Ekkor keresztre feszítették" (24). Márk nem ad fizikai leírást a keresztrefeszítéssel járó szenvedésekről, talán azért, mert valami másra akarja terelni a figyelmünket. A három időpontra vonatkozó utalás (25, 33, 34) segíthet abban, hogy úgy lássuk a dolgokat, ahogy Márk szeretné, hogy lássuk azokat.

Először is, kilenc órától három órán keresztüli gúnyolódás következik (25-32). Bár három embert feszítenek keresztre (27), a gúny Jézusnak szól: „Az arra járók fejüket csóválva káromolták, és ezt mondták: 'Nosza te...'" (29). A vallási vezetők élvezik a látványosságot (31-32), és még a Jézus mellett megfeszített rablók is összeszedik az erejüket, hogy gyalázzák őt (32b). Márk nyilván azt akarja, hogy vegyük észre az iróniát abban, amit a főpapok mondanak, és ami az ő figyelmüket biztosan elkerülte: „Másokat megmentett, de magát nem tudja megmenteni." (31b) Az igazság természetesen nem ez, hanem az, hogy azért nem mentette meg magát, hogy másokat megmenthessen.

Másodszor, délben három órás sötétség kezdődik (33). Ez nem napfogyatkozás, a páska idején az soha nem fordulhatna elő. Nem, Isten közbeavatkozásáról van szó, mely természetellenes sötétséget idéz elő a teremtésben, miközben annak Teremtője meghal (l. János 1,3; Kol 1,16).

És harmadszor, három órakor Jézus felkiált: „Elói, elói, lámá sabaktáni!" (34), amit Márk lefordít: „Én Istenem, én Istenem, miért hagytál el engem?" Nem kapunk választ a kérdésre, de egyetlen dolog van csak az univerzumban, ami elválaszthatja az embert Istentől, és az az emberi bűn. Márk azonban világossá tette már – ahogy láttuk is –, hogy Jézus ártatlan; bizonyára azt akarja tehát most megértetni velünk, hogy a bűn, ami elválasztja Jézust Atyjától, nem az övé, hanem a miénk. Ártatlan ember hal meg bűnösök helyett.

A keresztnek ezt az értelmezését erősíti Márk beszámolója arról, ami Jézus halálának beálltakor történt: „Ekkor a templom kárpitja felülről az aljáig kettéhasadt." (38) A szentek szentje előtt lévő függöny tartotta távol Isten jelenlététől az imádatra a templomba jövőket: bűnük lehetetlenné tette, hogy közeledjenek szentségéhez. De most a kárpit kettéhasadt, mert Jézus meghalt. Jézus halálával és a kárpit kettéhasadásával Isten azt mondja mindazoknak, akik figyelnek rá: „Az ár ki van fizetve, most már bejöhettek."

A 39. vers egy ember reakciójáról tudósít a keresztrefeszítésnél: „Amikor a százados, aki vele szemben állt, látta, hogy így lehelte ki lelkét, ezt mondta:

'Bizony, ez az ember Isten Fia volt!'" Ez a római katona az első Márk evangéliumában, aki Jézussal kapcsolatban megértette ezt. Jóval korábban, az első szakaszban az Atya jelentette ki Jézus személyazonosságát keresztségekor (l. 1,11), és a gonosz erői is felismerték őt (l. 1,34; 3,11). De emberi lény most, a hatodik szakaszban, nevezi először Jézust Isten Fiának. És a lenyűgöző dolog az, hogy az illető egy pogány.

Emlékszel, hogy kezdi Márk az evangélium bevezetését? „Jézus Krisztus, az Isten Fia evangéliumának kezdete" (1,1). A harmadik szakasz végén történt először, hogy egy ember Krisztusnak, Messiásnak látta Jézust: „Péter így válaszolt neki: 'Te vagy a Krisztus.'" (8,29) Most pedig, a hatodik szakasz vége felé, a római százados azt mondja: „Bizony, ez az ember Isten Fia volt!" (15,39)

Nem tudjuk, mennyit értett illetve mit értett ezeken a szavakon. Márk azonban azt akarja, hogy ismerjük fel: a kereszten lévő ember nem csak egy tragikus szereplő, akinek igazságtalan halált kell elszenvednie; ő Isten örökkévaló Fia, aki a világ bűneiért hal meg. Márk azt akarja, hogy imádjuk a Krisztust, Isten Fiát.

C tömb (15,40-16,8)

Az asszonyok a kereszt alatt (15,40-41)

Van egy újabb Márk-szendvics itt. A 42-46. versek Jézus temetését írják le, míg Márk mindkét oldalon az asszonyokat említi meg (40-41; 47). Az asszonyok hűségesebbek a férfiaknál. Az apostolok elhagyták Jézust, de az asszonyok még mindig ott vannak, figyelik őt halálában is.

Jézus temetése (15,42-47)

Márk a Jézus ezidáig titkos tanítványának számító Arimátiai Józsefről, a zsidó nagytanács egyik tagjáról mondja: „maga is várta az Isten országát" (43). Ő most bátorságot érez magában, hogy elkérje Pilátustól Jézus testét: a bekezdés végén már felvállalja, hogy Jézus követője. Lehet, hogy Márk az olvasóit is ugyanerre bátorítja.

A szendvics a 47. verssel fejeződik be, amikor az asszonyok közül ketten megjelölik a sírt. Minden kész a vasárnap reggel nagy eseménye számára.

A feltámadás (16,1-8)

Az asszonyok közül hárman a sírhoz mennek, hogy megkenjék Jézus testét, de az erre a célra magukkal hozott (l. 1) illatszereket ma nem fogják használni. A szakasz A tömbjében láttuk, hogy Jézus testét már megkenték a temetésre (l. 14,3-9, különösen a 8.).

Hatodik szakasz: A szeretet

A nyitott sír és az angyal megjelenése (akit Márk fiatalemberként ábrázol, 5) félelemmel tölti el őket. Képzeld el, mit érezhettek, mikor elmondta nekik az elképesztő hírt, hogy Jézus feltámadt a halálból. Mielőtt az asszonyok ezt felfoghatták volna, már feladatot is kaptak: „De menjetek el, mondjátok meg a tanítványainak és Péternek, hogy előttetek megy Galileába: ott meglátjátok őt, amint megmondta nektek." (7) Valószínűtlen, hogy a tanítványok elsőre felfogták volna ezt az üzenetet (l. 14,28), ezért most újra hallaniuk kell.

Az angyal szavaiban van egy Péternek szóló különleges üzenetet is. Ha a 7. versben nem lenne ott a két szó, hogy „és Péternek", azt a következtetést is levonhatta volna, hogy Jézus nem akarja látni többé: arrogáns önbizalma (l. 14,29-31) és gyáva tagadása (l. 14,66-72) bizonyára végleg alkalmatlanná tette őt arra, hogy Jézus tanítványa legyen. De a feltámadt Jézus egyértelműen másként látja a dolgot! Meg akar bocsátani Péternek, és használni akarja őt abban, hogy a bűnbocsánat örömhírét másoknak is adja tovább.

Az üzenetet azonban nem rögtön adják tovább. A hatodik szakasz utolsó verse a 16. rész 8. vers: „Ekkor kijöttek, és elfutottak a sírbolttól, mert remegés és döbbenet fogta el őket; és senkinek sem mondtak el semmit, mert féltek." Talán érthető ez az átmeneti engedetlenség, de akkor is az angyali üzenetnek való engedelmesség elmulasztása.

De az evangélium olvasóiként mi nem félünk. Tudjuk, hogy a feltámadás történelmi tény, annak a megerősítése, hogy a kereszt üzenete igaz. A hatodik szakasz végén az asszonyok tele vannak kérdőjelekkel, az angyal bizonyossága viszont felkiáltójel: „Feltámadt!" (6)

Márknak az a célja, hogy megtegyük a kételkedéstől a hitig vezető utat, és hagyjuk, hogy Jézus szeretete megváltoztasson bennünket.

Az evangélium megtanulása

Kérlek, szánj időt a hatodik szakasz megtanulására; biztos vagyok abban, hogy a korai keresztények ezt tették.

Most is a B tömbbel kezdd. Emlékezz arra, hogy az első esemény (a) magyarázza az utolsót (a'): az utolsó vacsora adja a keresztrefeszítés magyarázatát. Arra is emlékezz, hogy a B tömb eseményei párban állnak: az utolsó vacsora vezet ahhoz, hogy Jézus megjövendöli Péter tagadását; imádságát a Gecsemáné kertben követi letartóztatása; miközben Jézust a zsidó nagytanács előtt kihallgatják, Péter a külső udvarban megtagadja Urát; és végül a római kormányzó adja át Jézust a római katonáknak, hogy keresztrefeszítsék őt.

Ha már a fejedben vannak a B tömb fő eseményei, térj át az A és C tömbökre. Az A tömb egy gyűlölet-szeretet-gyűlölet szendvics, amit könnyű megtanulni. A C tömb egy másik szendviccsel kezdődik (asszonyok/temetés-/asszonyok); azt pedig nem lesz nehéz megjegyezni, hogy a szakasz a feltámadással ér véget!

A szeretet

| A | Cselt szőnek Jézus ellen (1-2)
Megkenetés Betániában (3-9)
Cselt szőnek Jézus ellen (10-11) | 5 |

| B | a Az utolsó vacsora
b Jézus megjelenti Péter tagadását | 1 |

| | c Gecsemáné
d Jézus elfogatása | 2 |

| | d' Jézus a Nagytanács előtt
c' Péter megtagadja Jézust | 3 |

| | b' Jézus Pilátus előtt
a' A keresztrefeszítés | 4 |

| C | Az asszonyok a kereszt alatt
Jézus temetése
A feltámadás | 6 |

| A+C: | olaj, megkenetés (14,8 / 16,1) |
| B logikája: | páros csoportosítás |

Az Úrral való találkozás

Miközben a hatodik szakasz eseményein mész végig a fejedben, szánj időt arra, hogy megállj, minden egyes lépésnél megköszönd Jézusnak a szeretetét, és imádd őt. Kérd tőle, hogy tegye ezeket az eseményeket számodra valóságossá; kérd őt, hogy érintse meg a szívedet szeretetével; kérd, hogy változtassa meg az életedet. Azért is imádkozhatsz, hogy ne legyél olyan, mint Péter, hanem inkább olyan legyél, mint az az asszony, aki az A tömbben megkeni Jézust.

Hiszen az ő irántunk való szeretetének felismerése arra kell hogy indítson bennünket, hogy a mi iránta való szeretetünk is egyre mélyebb legyen. Azért imádkozom, hogy ezt élhesd át, mikor megnyitod magad a feltámadt Jézus előtt.

Márk befejezése (Márk 16,9-20)

Valóban Márké? A legtöbb teológus szerint a 9-20. versek későbbi betoldások az evangéliumhoz: vagy elveszett az eredeti befejezés, vagy Márk abbahagyta az írást a 8. versnél. Lehet, hogy igazuk van. Bármi is az igazság ebben az ügyben, a befejezés mindenképpen nagyon korán íródott.

Gyönyörködés a panorámában

    a   A feltámadott Úr megjelenései (9-14)
    b   Az elküldő Úr üzenete (15-18)
    c   A mennybe ment Úr tanítványai (19-20)

Annak ellenére, hogy az evangélium befejezése talán nem Márktól származik, nagyon jól illeszkedik a bevezetéshez. Az 1,1-8-ban is és a 16,9-20-ban is a fő téma a Jézus örömhíréről való tanúskodás. A bevezetésben azonban az emberek *eljönnek*, hogy elmondják az örömhírt, a befejezésben viszont *elmennek*, hogy elmondják az örömhírt. A bevezetésben Márk, az ószövetségi próféták és Keresztelő János a tanúk; a befejezésben néhány tanítvány, a tizenegy apostol, és mi – akik elhisszük az üzenetet – vagyunk a tanúk.

A tartalom kibontása

a – A feltámadott Úr megjelenései (16,9-14)

Két fontos dolgot látunk itt. Először is, Jézus él. Megjelenik a magdalai Máriának (9-11, vö. Jn 20,10-18), két tanítványnak, akik az országúton sétálnak (12-13, vö. Lk 24,13-32), és aztán a tizenegy tanítványnak (14, vö. Jn 20,26-29).

A másik fontos dolog az, hogy az apostolok nem hitték ezt el (11, 13). És Jézus a 14. versben megfeddi őket emiatt a hitetlenségük miatt.

b - Az elküldő Úr üzenete (16,15-18)

Jézus most elküldi az apostolokat szerte az egész világba, hogy hirdessék az örömhírt (15, vö. 1,1.15; Mt 28,19). Az üzenet az, hogy a hit elengedhetetlen az üdvösséghez (16), a vers második fele pedig világossá teszi, hogy a keresztség nem feltétele az üdvösségnek.

Jézus ezután azt ígéri, hogy az üzenetet csodákkal fogja megerősíteni, bár az ígéret nem szükségszerűen jelenti azt, hogy ez mindenkivel így fog történni, inkább arra utal, hogy az Egyház egésze éli ezt át (16-18).

c – A mennybe ment Úr tanítványai (16,19-20)

A 19. vers azt mondja, hogy Jézus felment a mennybe és most a hatalom trónján, Atyja jobbján ül.

A 20. vers pedig azt mutatja meg, hogy az apostolok hitetlensége hitre változott. Azt teszik, amit Uruk parancsolt nekik, ő pedig megtartja ígéretét, hogy megerősíti üzenetüket.

Az evangélium megtanulása

A három címet kell csak megtanulni, melyek logikus sorrendben vannak.

Az Úrral való találkozás

Pörgesd végig a fejedben a 9-20. verseket. Imádd a feltámadt Urat, és kérd, hogy növelje hitedet; figyelj a kiküldő Úrra, aki téged is a világba küld, hogy beszélj az örömhírről; és engedelmeskedj a mennybe ment Úrnak, tökéld el magadban, hogy oda mész, ahová ő küld téged.

És így egyre inkább újra felfedezed Jézust, és egyre jobban megismered őt.

Az én befejezésem: A kísérlet folytatódik

Őszintén remélem, hogy a *Márk-kísérlet* olvasása közben rászántad az időt arra, hogy megtanuld az evangélium szerkezetét is. Ha igen, akkor hallottad, hogy Jézus az Isten országának üzenetét hirdette; figyelted, ahogy példázatokban és csodáin keresztül megmutatta annak valóságát; láttad, ahogy tanítványait képezte, és segítette őket, hogy felismerjék benne a Messiást; hallottad, ahogy a tanítványságról tanított, és elmagyarázta, hogy szenvednie kell, meg kell halnia, de fel fog támadni; figyelted, hogy hogyan reagál a vallási vezetők támadásaira, és figyelmezteti őket az eljövendő ítéletre és a templom lerombolására; és láttad, hogy a világ Megváltójaként meghalt a kereszten, majd megjelent élőként tanítványainak, hogy az evangélium örömhírével küldje ki őket a világba. Azt remélem, hogy elkezdted újra felfedezni Jézust.

A folyamatnak nem kell befejeződnie amiatt, hogy ennek a könyvnek a végéhez értél. Szeretnék néhány ötletet adni, hogy hogyan lehet Márk evangéliumát Jézus jobb megismeréséhez használni.

1. Márk evangéliuma lehet az imádat és imádság eszköze

Válaszd ki Márk evangéliuma egyik szakaszát. Miközben fejben (Biblia nélkül) végigmész a szakaszon, ne csak az események sorrendjét idézd fel; ehelyett beszélj Jézussal arról, amit mond és tesz. Szánj időt arra, hogy élvezni tudd jelenlétét: dicsérd őt hatalmáért és szeretetéért, és imádkozz önmagadért is, miközben végiggondolod a szakasz eseményeit.

Csinálhatod ezt otthon, a szobádban, vagy akár buszon ülve. Dönthetsz úgy, hogy egy hétig az első szakaszt veszed, a következő héten a másodikat stb.

2. Márk evangéliuma lehet segítség a másokért való imádsághoz

Néha azt érzed, hogy szeretnél imádkozni egy barátodért vagy egy családtagodért, de nem tudod, hogyan imádkozz. Mit szólnál ahhoz, hogy az evangélium egyik szakaszát imádkozd végig, úgy, hogy közben az illető személyért imádkozol egész idő alatt?

Néhány eseménynél azért fogsz imádkozni, hogy az illető egyre jobban értse meg, kicsoda Jézus és miért jött; néha azért fogsz imádkozni, hogy ne kövesse el ugyanazokat a hibákat, amit a tanítványok elkövettek; néha azért fogsz imádkozni, hogy növekedjen hitben és szeretetben. Az evangélium segíthet a másokért való imádkozásban, függetlenül attól, hogy keresztények-e vagy sem.

3. Márk evangéliumát lehet használni Márk-sétához

Tégy egy sétát (Biblia nélkül) egy barátoddal, aki megtanulta Márk evangéliuma szerkezetét. Felváltva mondjátok el egymásnak az eseményeket, mintha a másik még soha nem olvasta volna az evangéliumot; ha nem emlékszel, mi következik, vagy elfelejtettél néhány részletet, a barátod segíthet neked. Attól függően, hogy mennyi időtök van, illetve hány szakaszt tanultatok már meg, dönthettek úgy, hogy csak a fél evangéliumot, de akár úgy is, hogy az egészet elmondjátok.

A Márk-séta jól működik csoportok esetében is. De ha többen vagytok négynél vagy ötnél, nehéz lesz hallanotok egymást. Amikor először mentem Márk-sétára, tizenöten sétáltunk az osztrák Alpokban. Minden öt percben megálltunk, kört csináltunk, és valaki közülünk elmondta a következő eseményt. Mi, többiek, segítettünk, ha szükség volt rá. Két és fél óráig tartott a séta, és ezalatt elmondtuk egymásnak az egész evangéliumot, elejétől a végéig. És újra felfedeztük Jézust.

4. Márk evangéliuma lehet eszköze egy tanítási programnak

Az ifjúsági vagy diákcsoportotok dönthetnek úgy, hogy Márk evangéliumának szerkezete lesz a féléves program. Lehet egy szakasz egy héten – vagy egy szakasz egy hónapban – és Jézust újra felfedezhetitek azáltal, hogy valaki beszél a szakaszról, vagy csoportos beszélgetésben dolgozzátok fel. A csoportból néhányan úgy dönthetnek, hogy megtanulják az evangélium szerkezetét, hogy Jézust ezáltal jobban megismerjék.

Jól működhet ez egy gyülekezet vasárnapi tanítási programjában is. A gyülekezet vezetősége határozhat úgy, hogy Márk evangéliumáról legyen egy igehirdetés-sorozat. Az első igehirdetés lehet Márk bevezetése (1,1-8), ami a gyülekezetet ösztönözheti arra, hogy Jézust jobban megismerjék. Utána pedig két vagy három igehirdetés lehetne minden szakaszról.

5. Márk evangéliumát használhatjuk házicsoportokban

Lehet házicsoportban is tanulmányozni – és meg is tanulni – az egész evangéliumot. A 2. függelékben van ehhez egy sorozat-vázlat javaslat.

6. Márk evangéliumát lehet használni egy színdarabhoz

Márk szerkezetének ebben a könyvben található vázlata lehetővé teszi azt, hogy az evangéliumot színdarab formájában elő lehessen adni. Az egyik változatához 40 és 120 közötti emberre van szükség, akiket hat csoportba osztunk, melyek azután előadják az evangélium egy-egy szakaszát. A másik változatban egy gyülekezet vagy diákkör 15 emberből álló csoportja adja elő az egész evangéliumot. Néhány részlet megtalálható erről az 1. függelékben, de még több a Márk-kísérlet honlapján – http://www.themarkexperiment.com.

Hat ötletet adtam arra nézve, hogy hogyan nyújthat Márk evangéliuma segítséget ahhoz, hogy jobban megismerd Jézust, de több is eszedbe juthat. Minél jobban ismerjük Jézust, annál inkább meg fogjuk tapasztalni, hogy megváltoztat bennünket, és segít nekünk, hogy követni tudjuk őt, sőt egyre inkább felkészít arra is, hogy képesek legyünk megosztani az örömhírt barátainkkal.

Azért imádkozom, hogy ha hagyod, hogy Isten használja az evangéliumot saját életedben, ifjúsági csoportodban vagy gyülekezetedben, Jézust fedezhesd fel újra.

Végezetül ...

Kereszténynek lenni jóval többet jelent annál, hogy elhiszünk egy üzenetet: azt jelenti, hogy megismerjük Jézust, a Krisztust, az Isten Fiát. Meggyőződésem, hogy ez az egyik célja annak, hogy Márk megírta evangéliumát. Azt szeretné, ha tisztábban látnánk Jézust.

Mi pedig kérhetjük Jézust, hogy nyissa meg értelmünk és szívünk szemeit, ugyanúgy, ahogy az evangéliumban megnyitotta a vak ember testi szemeit (l. 8,22-26; 10,46-52).

Nemsokára mindannyian, akik ismerjük Jézust, meg fogjuk őt látni abban a dicsőségben, amit Péter, Jakab és János látott a megdicsőülés hegyén. És akkor olyanok leszünk, mint ő.

Az ő segítségével már most megismerhetjük ezt a megdicsőült Urat.

Függelék 1:
Hogyan szervezzünk Márk-színdarabot

A **Márk-színdarab** Márk evangéliumának dramatizált bemutatása, mely az összes eseményt magában foglalja. Több információt is lehet erről szerezni a http://www.themarkexperiment.com honlapon. A most következők inkább csak étvágygerjesztőül szolgálnak.

A **Márk-színdarab** egy körszínház, melyhez nincs szükség kösztümökre, kellékekre vagy mikrofonra. Két változata van:

1. Interaktív változat

40 és 120 fő közötti keresztény csoport egy egész szombatra összejön és hat kisebb csoportra oszlik. Mindegyik csoport kap egy szakaszt Márk evangéliumából. A csoportban tanulmányozzák a szakaszt, majd eldöntik, milyen dramatizált formában akarják azt előadni az egész csoportnak. Ezután addig gyakorolják a szakaszt (körszínház formájában), míg elég jól nem megy.

Ugyanaznap este mind a hat csoport összejön újra a **Márk-színdarab**ra. A vezető rövid imádság után, melyben Isten segítségét kéri, elmondja Márk bevezetését (1,1-8). Ezután mindenféle szünet nélkül az első csoport bemutatja az első szakaszt, utána a második csoport a második szakaszt, és így tovább. Nincs szünet a szakaszok között. A hatodik szakasz végén az este vezetője elmondja Márk befejezését (16,9-20). Mindez a Biblia vagy jegyzetek használata nélkül történik. Ez nem nehéz, mert mindegyik csoport tudja a saját szakaszát.

Az evangélium végén rövid időt imádattal és imádsággal tölthetnek.

A legtöbb embernek nem természetes vagy könnyű a színjátszás, de a **Márk-színdarab** interaktív változata erőteljes közösségi élmény lehet, mert mindenki azért a közös célért dolgozik, hogy az egész Márk evangéliumát elő tudják adni. Tapasztalatom szerint jobb az előadást csak azoknak a körében csinálni, akik részt vesznek a csoportokban is.

A honlapon ennél sokkal több információ is található a **Márk-színdarab** interaktív változatáról.

2. A színjátszó-csoportos változat.

A **Márk-színdarab**nak ehhez a változatához szükség van egy 15 emberből álló színjátszó-csoportra a gyülekezetből vagy diákkörből, akik körszínház formájában előadják az egész Márk evangéliumát. Ez azt jelenti, hogy másokat is hívunk az előadásra: fantasztikus lehetőség ez arra, hogy barátaink is átélhessék az egész, Jézusról szóló történetet. Az előadás után Márk evangéliumának ingyenes példányait is magukkal vihetik; talán Márk evangéliumát tanulmányozó csoportba is el lehet hívni néhányukat.

Az előadás előtt legalább két hónappal a színjátszó-csoport lehetséges tagjai jöjjenek össze egy este, hogy megtudhassák, milyen elkötelezettséggel jár a színdarabban való részvétel. Ha összejön a szükséges számú ember, hat hetük van arra, hogy megtanulják az egész evangélium eseményeinek sorrendjét. Ha ezt a könyvet használják segítségként, a feladat nem lehet nehéz a számukra.

A **Márk-színdarab**hoz csak három próbára van szükség! Az elsőre csütörtök este, a másodikra péntek este, a harmadikra pedig szombaton reggel kilenctől délután fél négyig. Az előadásra ugyanaznap este kerül sor.

A **Márk-színdarab** színjátszó-csoportos változata csak erre előre felkészített rendező segítségével lehetséges. Van jónéhány ilyen rendező, akik készek és képesek arra, hogy előzetes eligazítást adjanak és megrendezzék a színdarabot, valamint vannak felkészítő napok azok számára is, akik maguk szeretnének rendezőkké válni.

A honlapon ennél sokkal több információ is található a **Márk-színdarab** színjátszó-csoportos változatáról.

Függelék 2:
Márk kísérlete a házicsoportokban

A következő tanulmánysorozat 13 hétig tart és csoportok számára van. Sokan könnyebben tanulják és használják az evangéliumot, ha ezt másokkal együtt tehetik.

Néhány tanács csoportvezetőknek

1. A cél legyen egyértelmű: azért veszünk részt a kísérletben, hogy Jézus Krisztust jobban megismerjük.

2. Törekedj olyan légkör megteremtésére, melyben az emberek elengedhetik magukat, és a tanulást élvezhetik, ahelyett, hogy szoronganának miatta.

3. Segít az, ha mind a hat szakaszról és Márk bevezetéséről (1,1-8) van egy-egy poszter. A csoportban lévők lemásolhatják a szakaszt, vagy mindenkinek lehet saját példánya is a *Márk-kísérlet*ből.

4. A könyvben „Gyönyörködés a panorámában" címmel minden szakaszhoz találunk magyarázatot.

5. Lehet szünetet tartani a 7. és 8. hét között, hogy az evangélium első felét újra átnézzétek.

6. Az imádságra szánt időt arra is használhatjátok, hogy a személyes szükségek és az evangélium világméretű terjedésének ügyén túl Márk evangéliumának a csoport által éppen tanulmányozott szakaszát is átimádkozzátok.

7. Érdemes javasolni egy Márk-sétát (l. Az én befejezésem), akár csoportban, akár kettesével vagy hármasával.

8. Imádkozz a csoportért, hogy a közös kísérlet eredménye a Jézussal való találkozás legyen.

Tizenhárom hét Márk evangéliumával

Első hét

A kísérlet elmagyarázása: mutasd be az evangélium szerkezetét a második szakasz példáján keresztül (l. Az én bevezetésem a *Márk-kísérlet*ben).

     Miért tanuljuk meg az evangéliumot?

     A kísérlet célja: hogy jobban megismerjük Jézust.

Olvasd fel Márk bevezetését (1,1-8).

A következő kérdéseket használd a szakasz tanulmányozásához:
1. Miért írta Márk az evangéliumát? Miről szeretne meggyőzni bennünket?
2. Miért olyan fontos Keresztelő János ezekben a versekben?
3. Miért jelentősek a Malakiástól és Ézsaiástól idézett szakaszok?
4. Mi a legfontosabb János üzenetében?
5. A három fő ószövetségi szakasz, melyben Isten új szövetséget ígér, a Jeremiás 31,31-34, az Ezékiel 36,25-27 és a Jóel 3,1-5. Szerintetek ezek közül melyikre gondolhatott János?
6: Vajon Márk milyen érzéseket szeretne látni olvasóiban a 8. vers végén?

Tanuljátok meg együtt Márk bevezetését (az öt alcímet).

Imádkozzatok együtt.

Második hét

Ki tudja fejből Márk bevezetését?

Első szakasz (1,9-3,12)

      A szerkezet elmagyarázása

      Olvassátok el a szakaszt közösen

      A szerkezet újbóli elmagyarázása

Tanulmányozzátok a szakaszt az alábbi kérdések segítségével:

Kérdések az első szakaszhoz:
1. Miért olyan lelkesek az emberek Jézussal kapcsolatban ebben a szakaszban?
2. Mi az oka a farizeusok döntésének a 3,6-ban? (l. 2,1-3,6)
3. Hogyan tudnánk jellemezni Jézust az evangélium első szakaszában? Mi az elsődleges célja? Mi ennek a jelentősége a számunkra?
4. A szakasz címe: Az üzenet. Hányszor prédikál Jézus az üzenetről ebben a szakaszban? Miért?
5. Miért tesz Jézus csodákat ebben a szakaszban?
6. Az 1,16-20-ban Jézus elhívja első négy tanítványát. Mit gondolsz, hogyan érezhették magukat az első szakasz végén, miután annyi mindent láttak és hallottak?

Tanuljátok meg együtt a szakaszt (a B tömbbel kezdve).

Bátorítsátok egymást arra, hogy a következő hét során mindenki használja a tanultakat a saját életében.

Imádkozzatok együtt.

Harmadik hét

Első szakasz – jobban elsajátítani

Ki tudja az első szakaszt fejből?

Van kérdés bármivel kapcsolatban, ami a szakaszban van?

Mondjátok el egymásnak a történeteket

Tanulmányozzatok közelebbről néhány eseményt (ha van rá idő)

Imádkozzátok végig a szakaszt – eseményről eseményre haladva

Negyedik hét

Ki tudja még fejből Márk bevezetését?

Második szakasz (3,13-6,6)

    A szerkezet elmagyarázása

    Olvassátok el a szakaszt közösen

    A szerkezet újbóli elmagyarázása

Tanulmányozzátok a szakaszt az alábbi kérdések segítségével:

Kérdések a második szakaszhoz:

1. Miért hívta el Jézus az apostolokat?
2. Miért érezhetik magukat kissé bizonytalanul a tanítványok a 3. rész végén?
3. Milyen bátorítást látunk a négy példázatban az elbizonytalanodott tanítványok számára?
4. A négy csoda azt mutatja meg, hogy Jézus Úr az élet négy területe felett. Melyek ezek? Mit tanulhatunk ebből?
5. Hogyan válaszol Jézus az ellenállásra? Miért így?

Tanuljátok meg együtt a szakaszt (a B tömbbel kezdve).

Bátorítsátok egymást arra, hogy a következő hét során mindenki használja a tanultakat a saját életében.

Imádkozzatok együtt.

Ötödik hét

Második szakasz – jobban elsajátítani

Ki tudja a második szakaszt fejből?

Van kérdés bármivel kapcsolatban, ami a szakaszban van?

Mondjátok el egymásnak a történeteket

Tanulmányozzatok közelebbről néhány eseményt (ha van rá idő)

Imádkozzátok végig a szakaszt – eseményről eseményre haladva

Hatodik hét

Ki tudja még fejből Márk bevezetését? És az első szakaszt? A másodikat?

Harmadik szakasz (6,7-8,30)
  A szerkezet elmagyarázása
  Olvassátok el a szakaszt közösen
  A szerkezet újbóli elmagyarázása
Tanulmányozzátok a szakaszt az alábbi kérdések segítségével:
Kérdések a harmadik szakaszhoz:

1. A harmadik szakasz témája a felkészítés. Milyen gyakran látjuk azt, hogy Jézus képzi a tanítványait?
2. Nézzétek meg a 6,7-33-ban lévő szendvics-szerkezetet. Mi köze van a tölteléknek a kenyérhez?
3. A második szendvics-szerkezet ebben a szakaszban a 8,14-30. Mi köze van itt a tölteléknek a kenyérhez?
4. A 8,15-ben Jézus a farizeusok és Heródes kovászától óvja tanítványait. Hogyan ad magyarázatot az egész szakasz arra, hogy Jézus mit értett ezalatt? És mi mit tehetünk annak érdekében, hogy komolyan vegyük a 8,15-öt?
5. Könnyűnek találja Jézus a tanítványok felkészítését? Szerintetek hogy érezhette magát a 8,29-ben?

Tanuljátok meg együtt a szakaszt (a B tömbbel kezdve).

Bátorítsátok egymást arra, hogy a következő hét során mindenki használja a tanultakat a saját életében.

Imádkozzatok együtt.

Hetedik hét

Harmadik szakasz – jobban elsajátítani
Ki tudja a harmadik szakaszt fejből?
Van kérdés bármivel kapcsolatban, ami a szakaszban van?
Mondjátok el egymásnak a történeteket
Tanulmányozzatok közelebbről néhány eseményt (ha van rá idő)
Imádkozzátok végig a szakaszt – eseményről eseményre haladva

Nyolcadik hét

Ki tudja még fejből Márk bevezetését? És az első szakaszt? A másodikat? A harmadikat?

Negyedik szakasz (8,31-10,52)

    A szerkezet elmagyarázása

    Olvassátok el a szakaszt közösen

    A szerkezet újbóli elmagyarázása

Tanulmányozzátok a szakaszt az alábbi kérdések segítségével:

Kérdések a negyedik szakaszhoz:

1. Szerintetek a tanítványok miért nem értették Jézus szavait, amikor szenvedéséről, haláláról és feltámadásáról beszélt?
2. Miért csak két csoda van ebben a szakaszban? Mi a közös bennük?
3. Nézzétek meg a 9,33-50-ben látható három hibát. Melyik lehet a három közül ma a legnagyobb veszély a számunkra?
4. Miért volt kulcsfontosságú esemény a megdicsőülés hegye Péter, Jakab és János számára?
5. Hogyan viselkedik ez a három tanítvány a szakasz hátralévő részében? Hogyan jellemezhetnénk őket?

Tanuljátok meg együtt a szakaszt (a B tömbbel kezdve).

Bátorítsátok egymást arra, hogy a következő hét során mindenki használja a tanultakat a saját életében.

Imádkozzatok együtt.

Kilencedik hét

Negyedik szakasz – jobban elsajátítani

Ki tudja a negyedik szakaszt fejből?

Van kérdés bármivel kapcsolatban, ami a szakaszban van?

Mondjátok el egymásnak a történeteket

Tanulmányozzatok közelebbről néhány eseményt (ha van rá idő)

Imádkozzátok végig a szakaszt – eseményről eseményre haladva

Tizedik hét

Ki tudja még fejből Márk bevezetését? És az első szakaszt? A másodikat? A harmadikat? A negyediket?

Ötödik szakasz (11,1-13,37)

    A szerkezet elmagyarázása

    Olvassátok el a szakaszt közösen

    A szerkezet újbóli elmagyarázása

Tanulmányozzátok a szakaszt az alábbi kérdések segítségével:

Kérdések az ötödik szakaszhoz:

1. Hogyan jellemeznénk a vallási vezetőket ebben a szakaszban?
2. Ki képez kivételt a vallásos elit tagjai közül? Mi teszi őt mássá?
3. Próbáljátok elképzelni, hogyan érezhette magát Jézus a 12,6-8-ban. És mit gondoltok, hogy érezték magukat a vallási vezetők a 9. versben?
4. Nézzétek meg a 11,12-25 szendvics-szerkezetét. Mi köze van a töltelèknek a kenyérhez? Mit szeretett volna látni Jézus Izráelben? És mit szeretne bennünk látni?
5. Szerinted kellemes vagy kellemetlen élmény volt Péternek, Jakabnak, Jánosnak és Andrásnak, amikor Jézusnak a 13. részben elmondott szavait hallották?

Tanuljátok meg együtt a szakaszt (a B tömbbel kezdve).

Imádkozzatok együtt.

Tizenegyedik hét

Ötödik szakasz – jobban elsajátítani

Ki tudja az ötödik szakaszt fejből?

Van kérdés bármivel kapcsolatban, ami a szakaszban van?

Mondjátok el egymásnak a történeteket

Tanulmányozatok közelebbről néhány eseményt (ha van rá idő)

Imádkozzátok végig a szakaszt – eseményről eseményre haladva

Tizenkettedik hét

Ki tudja még fejből Márk bevezetését? És az első szakaszt? A másodikat? A harmadikat? A negyediket? Az ötödiket?

Hatodik szakasz (14,1-16,8)

    A szerkezet elmagyarázása

    Olvassátok el a szakaszt közösen.

    A szerkezet újbóli elmagyarázása

Tanulmányozzátok a szakaszt az alábbi kérdések segítségével:

Kérdések a hatodik szakaszhoz:

1. Kik lojálisak Jézushoz ebben a szakaszban? Kik nem lojálisak? Miért?
2. Próbáljátok elképzelni Jézus érzéseit a hatodik szakasz minden egyes epizódjánál.

Függelék 2: Márk kísérlete a házicsoportokban

3. Milyen módon magyarázza meg a keresztrefeszítés értelmét az utolsó vacsora?
4. Nézzétek meg Jézust a nagytanács majd Pilátus előtt. Mely kérdésekre felel, és mely kérdésekre nem válaszol? Miért?
5. Miért fontosak a 16,7-ben az „és Péternek" szavak? Mit tanulhatunk ebből?

Tanuljátok meg együtt a szakaszt (a B tömbbel kezdve).

Imádkozzatok együtt.

Tizenharmadik hét

Hatodik szakasz – jobban elsajátítani

Ki tudja a hatodik szakaszt fejből?

Olvassátok el Márk befejezését (16,9-20) együtt és nézzétek meg a három alcímet

Mondjátok el egymásnak a történeteket

Tanulmányozzatok közelebbről néhány eseményt (ha van rá idő)

Imádkozzátok végig a szakaszt – eseményről eseményre haladva

Függelék 3:
A B tömbökben lévő párhuzamok

Ezek a párhuzamok néha egyértelműek, máskor kevésbé azok. Néha hasonlóságokra mutatnak rá, néha ellentétekre. Talán nem győz meg mindegyik általam javasolt kapcsolat; pusztán azokat a párhuzamokat gyűjtöttem össze, melyekre eddig én felfigyeltem. Még mindig tanulok!

Első szakasz, B tömb

a és a' mindkettő szombatnapon történik – ellenállás nélkül (a) és ellenállással (a'). Ráadásul mindkét epizódban Jézus hatalommal tanít.

b és b' Jézus identitása (1,34 és 2,19).

c és c' a cél, amiért Jézus jött – hogy prédikáljon (1,38) és a bűnösöket hívja (2,17).

d és d' mindkettőben szó van Jézusnak a hivatalos judaizmussal való kapcsolatáról: annak való alárendelés (d) és attól jövő támadás (d').

Második szakasz, B tömb

a és a' amikor Isten igéje szól, különböző reakciók vannak (4,14-20 és 5,39-40).

b és b' elrejtett dolgok napvilágra kerülnek (4,22 és 5,30-34).

c és c' "Éjjel és nappal" (4,27 és 5,5). Isten országa folyamatosan nő (c), de a gonosz folyamatosan dolgozik emberek elpusztításán (c').

d és d' a kicsiny kezdeteknek egy nap nagy eredményük lesz. A d'-ben lévő kicsiny kezdet a tanítványok kérdése lehet (4,41), de némelyek a korai egyházban a csónakot az egyház képének látták, mely az évszázadok során lenyűgöző növekedést élt át.

Harmadik szakasz, B tömb

a és a' két hatalmas tömeg megetetése, az egyik zsidókból (a), a másik pogányokból (a') állt.

b és b' az embereket ámulatba ejti Jézus (6,51 és 7,37).

Függelék 3: A B tömbökben lévő párhuzamok

c és c' Jézus képes akár érintéssel (6,56), akár távolságból (7,29-30) gyógyítani.

d és d' a zsidó vezetőkkel való összeütközés.

Negyedik szakasz, B tömb

a és a' Jézus meg fog halni és fel fog támadni (9,31); a tanítványok szenvedni fognak ebben az életben, de örök életük lesz az eljövendőben (10,30).

b és b' a státusz – fontos a tanítványoknak (b) és a gazdag ifjúnak (b'). Másik párhuzam a gyermekek lehetnek (9,37 és 10,24).

c és c' a tanítványok megpróbálnak megakadályozni valamit, de Jézus megtiltja ezt nekik (9,39 és 10,14).

d és d' a bűn romboló ereje (d), mely házasságokat is képes lerombolni (d').

Ötödik szakasz, B tömb

a és a' a zsidó vezetők arroganciájával (a) szemben áll az özvegyasszony alázata (a'). Amit a vezetők felajánlanak, az mindössze két kérdés, mellyel Jézust akarják tönkretenni; amit az özvegyasszony felajánl, az két pénzérme Isten dicsőségére.

b és b' a vallási vezetők várható szigorú ítélete (12,9 és 12,40)

c és c' két megválaszolhatatlan kérdés, az egyik a zsidó vezetők szájából (c), a másik Jézustól (c'). (De Jézusnak sikerül megválaszolnia az ő kérdésüket!)

d és d' egy őszintétlen kérdés (d) áll szemben egy őszinte kérdéssel (d'). A szadduceusok nem ismerik az Írásokat (12,24), az írástudó viszont igen (12,32-34).

Hatodik szakasz, B tömb

a és a' az utolsó vacsora (a) megmagyarázza a keresztet (a').

b és b' a tanítványok hűtlensége (b) szemben áll Jézus hűségével és kitartásával (b').

c és c' Jézus óvja Pétert az imádság hiányának veszélyeitől (c); Péter bemutatja azokat (c'). Jézus háromszor imádkozik (c); Péter háromszor elbukik (c').

d és d' a tanítványok hűtlensége (d) megint szemben áll Jézus állhatatosságával a nehézségek közepette (d').

Függelék 4:
Márk evangéliumának szerkezete

Márk bevezetése (1,1-8)

- a   Márk bizonyságtétele Jézusról (1)
- b   Az ószövetségi próféták bizonyságtétele Jézusról (2-3)
- c   János keresztsége nagy érdeklődést vált ki (4-5)
- b'   János olyan mint egy ószövetségi próféta (6)
- a'   János bizonyságtétele Jézusról (7-8)

Első szakasz: Az üzenet (1,9-3,12)

A tömb (1,9-20)
    Jézus megkeresztelése és megkísértése (9-13)
    Jézus az evangéliumot hirdeti (14-15)
    Jézus elhívja első tanítványait (16-20)

B tömb (1,21-2,28)
- a   1,21-28   Jézus kiűz egy tisztátalan lelket
- b   1,29-34   Jézus meggyógyítja Péter anyósát és másokat
- c   1,35-39   Jézus kijelenti, hogy számára a tanítás az elsődleges
- d   1,40-45   Jézus meggyógyít egy leprást
- d'   2,1-12   Jézus meggyógyítja a bénát
- c'   2,13-17   Jézus elhívja Lévit és bűnösökkel eszik
- b'   2,18-22   Jézus megjövendöli a judaizmussal való szakítást
- a'   2,23-28   Jézus a szombat Ura

C tömb (3,1-12)
    Jézus ellenállást vált ki, amikor szombaton gyógyít (1-6)
    Jézus növekvő népszerűsége (7-12)

Második szakasz: A hatalom (3,13-6,6)

A tömb (3,13-35)
    A tizenkét apostol kiválasztása (13-19)
    Ellenállás a család részéről (20-21)
    Ellenállás a vallási vezetők részéről (22-30)
    Ellenállás újra a család részéről (31-35)

B tömb (4,1-5,43)
- a   4,1-20   Példázat: a magvető
- b   4,21-25   Példázat: a lámpás
- c   4,26-29   Példázat: a magától növekedő vetés
- d   4,30-34   Példázat: a mustármag
- d'   4,35-41   Csoda: a tenger lecsendesítése
- c'   5,1-20   Csoda: a gadarai megszállott megszabadítása
- b'   5,25-34   Csoda: a vérfolyásos asszony meggyógyítása
- a'   5,21-43   Csoda: Jairus lányának feltámasztása

C tömb (6,1-6)
Ellenállás a család és a barátok részéről (1-6)

Harmadik szakasz: A felkészítés (6,7-8,30)

A tömb (6,7-33)
    Jézus kiküldi a tizenkettőt (7-13)
    Keresztelő János halála (14-29)
    A tizenkettő visszatér Jézushoz (30-33)

B tömb (6,34-8,10)
- a   6,34-44   Az ötezer megvendégelése
- b   6,45-52   Jézus a vizen jár
- c   6,53-56   Jézus Genezáretben gyógyít
- d   7,1-13   Isten Igéje és az emberi hagyományok
- d'   7,14-23   Mi teszi az embert tisztátalanná?
- c'   7,24-30   Jézus és a kánaáni asszony
- b'   7,31-37   Jézus siketnémát gyógyít
- a'   8,1-10   A négyezer megvendégelése

C tömb (8,11-30)
    A farizeusok jelt kívánnak (11-13)
    A tanítványok zavara (14-21)
    A vak meggyógyítása két menetben (22-26)
    Péter vallástétele Jézusról (27-30)

Negyedik szakasz: Az ár (8,31-10,52)

A tömb (8,31-9,29)
Jézus először szól szenvedéséről (8,31-33)
Jézus követése (8,34-9,1)
Jézus megdicsőülése (9,2-13)
Jézus gonosz lelket űz ki (9,14-29)

B tömb (9,30-10,31)

a	9,30-32	Jézus másodszor szól szenvedéséről
b	9,33-37	„Én vagyok a legnagyobb"
c	9,38-41	„Mi vagyunk az egyedüliek"
d	9,42-50	„A bűn nem számít"
d'	10,1-12	Viszonyulás a házassághoz
c'	10,13-16	Viszonyulás a gyermekekhez
b'	10,17-27	Viszonyulás a tulajdonhoz
a'	10,28-31	A tanítványság jutalma

C tömb (10,32-52)
Jézus harmadszor szól szenvedéséről (32-34)
Jakab és János kérése (35-45)
A vak Bartimeus meggyógyítása (46-52)

Ötödik szakasz: Az ítélet (11,1-13,37)

A tömb (11,1-25)
Jézus bevonul Jeruzsálembe (1-11)
Jézus megátkozza a fügefát (12-14)
Jézus megtisztítja a templomot (15-19)
Jézus a fügefa példáján keresztül az imádságról tanít (20-25)

B tömb (11,27-12,44)

a	11,27-33	Jézus teljhatalmát megkérdőjelezik
b	12,1-12	A szőlőművesek példázata
c	12,13-17	Adófizetés a császárnak
d	12,18-27	Házasság a feltámadáskor
d'	12,28-34	A legnagyobb parancsolat
c'	12,35-37	Kérdés a Messiással kapcsolatban
b'	12,38-40	Óvás az írástudóktól
a'	12,41-44	A szegény özvegy adománya

C tömb (13,1-37)
A templom lerombolása és a korszak vége (1-37)

Függelék 4: Márk evangéliumának szerkezete

Hatodik szakasz: A szeretet (14,1-16,8)

A tömb (14,1-11)
Cselt szőnek Jézus ellen (1-2)
Megkenetés Betániában (3-9)
Cselt szőnek Jézus ellen (10-11)

B tömb (14,12-15,39)
a   14,12-26   Az utolsó vacsora
b   14,27-31   Jézus megjelenti Péter tagadását
c   14,32-42   Gecsemáné
d   14:43-52   Jézus elfogatása
d'   14,53-65   Jézus a Nagytanács előtt
c'   14,66-72   Péter megtagadja Jézust
b'   15,1-15   Jézus Pilátus előtt
a'   15,16-39   A keresztrefeszítés

C tömb (15,40-16,8)
Az asszonyok a kereszt alatt (15,40-41)
Jézus temetése (15,42-47)
A feltámadás (16,1-8)

Márk zárszava (16,9-20)

a   A feltámadott Úr megjelenései (9-14)
b   Az elküldő Úr üzenete (15-18)
c   A mennybe ment Úr tanítványai (19-20)

www.ingramcontent.com/pod-product-compliance
Lightning Source LLC
LaVergne TN
LVHW021714080426
835510LV00010B/999